TRINITY

HAN SHAN

ACHTSAM-
KEIT

DIE HÖCHSTE FORM
DES SELBSTMANAGEMENTS

TRINITY

FSC
www.fsc.org
MIX
Papier aus verantwortungsvollen Quellen
FSC® C014889

2. Auflage 2012

Umschlaggestaltung: Hauptmann & Kompanie Werbeagentur, Zürich unter Verwendung eines Fotos von Christian Kaufmann
Satz: BuchHaus Robert Gigler, München
Druck und Bindung: Pustet, Regensburg
ISBN 978-3-941837-75-1

www.trinity-verlag.de

Sich zu managen heißt, die wahre Natur der Dinge in sich selbst wahrzunehmen und zu erkennen, um dann das eigene Leben danach auszurichten. Achtsamkeit ist der Schlüssel, der das Tor zu uns selbst öffnet, damit wir hindurchgehen können, um eine neue, ungeahnte Dimension in unser Leben einzuladen.

INHALT

Erfolg muss nicht unbedingt glücklich machen,
doch glücklich zu sein macht uns erfolgreich.

VORWORT

Mit dem vorliegenden Buch möchte ich Sie einladen, die Achtsamkeit kennenzulernen und in Ihr Leben zu integrieren. Von der 60-Sekunden-Meditation bis hin zum Achtsamkeitstraining stehen Ihnen Werkzeuge zur Verfügung, die Sie in jedem Augenblick einsetzen können, um Ihr Leben freier zu gestalten und weise zu managen.

Viele Male macht unsere Vorstellung von Glück uns glauben, nur dann glücklich sein zu können, wenn wir etwas erreicht haben und erfolgreich sind. Auf dem Weg dorthin lassen wir uns auf Umstände ein, die uns unglücklich machen. Stress, Unannehmlichkeiten, Ärger, Enttäuschung sind unsere Wegbegleiter, und weil sie auch für andere spürbar und oft sogar sichtbar sind, werden sie für uns zum Hindernis. Dann haben wir einen schweren Weg vor uns, der uns zermürbt, ja sogar krank machen kann. Wenn wir aber lernen, die Freude im Moment wahrzunehmen, nehmen wir die Energie des Glücks mit auf den Weg und strahlen sie auch auf unser Umfeld aus. Wir sind glücklich auf dem Weg, der uns leichtfällt, und schaffen so in uns die besten Voraussetzungen, um auch erfolgreich zu sein.

KAPITEL 1

WIE WICHTIG IST ACHTSAMKEIT IM TÄGLICHEN LEBEN?

Wenn wir etwas achtsam tun, dann tun wir es gut.
Wenn wir etwas gut getan haben, wird es auch ein gutes Resultat einladen.

Han Shan

»Pass auf …« hören wir als Kinder, wenn es darum geht, Dinge gut und richtig zu machen. »Pass auf die Autos auf« zum Beispiel. Das heißt: stehen bleiben, aufmerksam nach rechts und links schauen, vielleicht noch warten, bis das Ampelmännchen grün wird, und dann zügig über die Straße gehen. Am Essenstisch und in der Schule sollen wir gerade sitzen oder zumindest nicht rumlümmeln. Wir sollen aufmerksam bei der Sache sein, uns gut benehmen und die richtigen Antworten geben. Kurz: Wir sollen darauf achten, was wir sagen, was wir tun und wie wir es tun. Wir sollen achtsam mit unserem Körper, unseren Gefühlen, unserem Umfeld umgehen. Aus Erfahrung lernen wir: Wenn wir etwas wirklich achtsam tun, gelingt es uns meistens – und wir haben Freude daran.

Doch was ist Achtsamkeit? Wie bin ich achtsam? Und: Wie wichtig ist Achtsamkeit wirklich? Kann sie uns helfen, ein erfülltes Leben im Einklang mit unserer Umwelt zu führen, Stress zu reduzieren, Ängste abzulegen und Wege aus der Depression zu finden?

IM STRUDEL DER ZEIT

Tag für Tag lassen wir uns von der Hektik des Lebens anstecken und tragen dieses Gefühl in unseren Alltag. Alles muss immer schneller gehen, sei es das Essen, die Arbeit oder die Freizeitaktivitäten, und unsere Gedanken springen von einem zum andern und bringen uns durcheinander. Nach und nach geraten wir in den Strudel unserer schnelllebigen Zeit, schweifen ständig ab und vergessen die Gegenwart, denn unsere Gedanken kreisen um gestern und morgen, spinnen sich unablässig selbst weiter und nehmen dabei die absurdesten Umwege. Wir geraten in Angst, Stress und Depression, sind überfordert, lassen uns provozieren, verletzen und werden verletzt. Die geschäftige Welt hat uns im Griff und lenkt uns von der Gegenwart ab. So vergeht ein Tag nach dem anderen, in dem uns das wirkliche Leben entgleitet. Vergangenes bewältigen, Zukunftspläne schmieden, an morgen denken. Hat man da überhaupt noch Gelegenheit, sich auf den Augenblick zu besinnen? Wie viele

Dinge erledigen wir mechanisch und sind dabei mit den Gedanken in weiter Ferne?

Dabei liegt alle Kraft im Augenblick.

Wenn Sie auf einem Felsgrat wandern und nicht auf Ihren nächsten Schritt achten, bringen Sie sich in Gefahr und stürzen womöglich ab. Was zählen die Pläne, die Sie für die Zukunft hatten, dann noch? Was nutzt es Ihnen, den Gipfel vor Augen zu haben, wenn Sie ihn aus Unachtsamkeit nicht mehr erreichen?

Wir Menschen neigen dazu, unseren Lebensweg in seiner Gänze im Blick haben zu wollen. Auf Dauer erschöpft uns das, denn zu der momentanen Anstrengung addiert sich der vergangene und zukünftige Ballast. Gleichzeitig wollen wir auf alles gefasst sein, unser Ziel immer vor Augen haben. Doch gelingt uns das? Kann es uns überhaupt gelingen? Wie können wir auch nur einen achtsamen Schritt tun, wenn wir dabei unablässig alle positiven und negativen Eventualitäten durchspielen?

Wenn wir unsere Achtsamkeit jedoch auf die einzelnen Schritte lenken, und zwar immer nur auf den gegenwärtigen Schritt, erreichen wir ohne Weiteres den Gipfel. Vermutlich stellen wir sogar fest, dass der Weg, wenn er auf diese Weise gegangen wird, viel weniger mühsam ist.

In unserem Bestreben nach Sicherheit versuchen wir, die Zukunft fassbar zu machen. Doch in Wahrheit wissen wir nicht, was in der nächsten Sekunde geschieht. Und so geraten wir in einen eigentümlichen Zwiespalt: Wir stellen uns die Zukunft vor und wollen dabei zur Sicherheit auf alle Möglichkeiten vorbereitet sein. Darüber vergessen wir die Gegenwart, die über unsere Zukunft entscheidet.

EIN MOMENT DER UNACHTSAMKEIT

Ein kleiner Moment der Unachtsamkeit kann unser Leben grundlegend ändern. Wir stehen auf, ein wenig schlaftrunken vielleicht, sehen die Türschwelle nicht, stolpern und liegen für Wochen mit einem Gipsbein im Bett. Das Kind, das sieht, wie sein Ball auf die Straße rollt, rennt ihm hinterher. Ihr Beifahrer steigt aus dem Wagen und vergisst, auf den Radfahrer zu achten, der gerade vorbeifahren will. Ein schwerer Unfall kann die gesamten Pläne für die Zukunft zunichtemachen. Und es ist nicht allein die eigene Unachtsamkeit, die Folgen für Sie haben kann, sondern auch die anderer Menschen.

Unachtsamkeit … auch ich war damit konfrontiert, als ich noch Geschäftsmann und Unternehmer war und die Realität des Lebens mich eines Nachts einholte. In den Siebzigerjahren war ich von Deutschland nach Singapur ausgewandert, um in einem großen deutschen Unternehmen zu arbeiten. Asien faszinierte mich, die Flexibilität der Menschen, das Zusammengehörigkeitsgefühl. Schon bald gründete ich eine eigene Firma und band, ganz nach asiatischer Tradition, die dort geltenden ethischen Grundsätze in die Geschäftsführung mit ein. Wir hatten Erfolg und, wichtiger noch, den Kopf voller Ideen für neue Produkte, die wir weltweit anbieten wollten.

Doch ich hatte nicht damit gerechnet, dass nichts wirklich vorhersehbar ist. Dass wir nichts festhalten können und dass sich alles, was im Außen geschieht, unserer Kontrolle entzieht. Und während ich eines Nachts im Wagen von Singapur nach Penang fuhr und Pläne für ein neues Produkt schmiedete, scherte ein Lastwagen vor mir aus und drängte mich von der Spur. Da war kein Platz, um auszuweichen, mein Wagen überschlug sich wieder und wieder – doch ich überlebte ohne eine einzige Schramme.

In dieser Nacht änderte sich alles für mich. Ich erkannte: Das Bild, das ich von mir selbst hatte, war nichts als Illusion. Nichts von all dem, was ich besaß, hätte ich mitnehmen können, wenn ich gestorben wäre, weder meine Firma noch meine Ideen. Und nichts davon hatte mir das beschert, was mir auf einmal wichtiger war als alles andere auf der Welt: Wissen. Wissen, was wirklich ist, wer ich bin, woher ich komme, warum ich lebe. Was aus mir wird, wenn ich sterbe.

Wenige Wochen später entschied ich mich, allen äußeren Schein abzulegen und als Bettelmönch nach Thailand zu gehen. Zwei Jahre lebte ich auf einer Insel im Nong-Han See im Nordosten des Landes und meditierte. Später ging ich in einen Waldtempel und errichtete schließlich auf einem Stück Land, das mir überantwortet worden war, einen Ort des Rückzugs. Ich praktizierte die Achtsamkeitsmeditation – und fand in mir, was ich gesucht hatte: Antworten auf all meine Fragen.

Schon früh hatte ich gelernt, zwei Welten zu verbinden: die westliche, die mich geprägt hatte, und die östliche, die mir half, wahres Wissen zu erschließen. Daraus entwickelte ich meine eigene Methode der Achtsamkeitsschulung, das *Insight Mind Focusing,* das in Kapitel 4 ausführlich erklärt wird. Denn die Fähigkeit zur Achtsamkeit ist ein Werkzeug, das wir Menschen alle immer bei uns tragen und das uns hilft, unser wahres Potenzial freizulegen.

Es war ein winziger Moment der Unachtsamkeit aufseiten eines anderen Menschen, der über mein Leben entschied. Doch nicht nur Unfälle oder Katastrophen können unsere Pläne vereiteln. Jeder einzelne Moment beeinflusst unser Leben. Alles, was wir denken, sagen und tun oder eben nicht denken, sagen und tun, hat Konsequenzen. Manchmal nur für den nächsten Augenblick, den nächsten Tag vielleicht, manchmal aber auch für unser ganzes Leben.

Wenn es uns gelingt, den Moment mit all seiner Kraft achtsam zu erfahren, haben wir Zugriff auf unser gesamtes Potenzial und können uns wahrhaft entfalten. Doch erleben wir nicht vielmehr, dass unser Alltag voll von unwillkürlichen Reaktionen ist und wir auf eine Weise funktionieren, die uns anerzogen wurde? Dass wir den Forderungen und Erwartungen von außen genügen müssen und uns selbst darüber vergessen? Dass unser tägliches Leben uns entgleitet?

Der Druck, der uns von der Gesellschaft heutzutage entgegengebracht wird, ist gewaltig. Dazu kommt, dass wir uns selbst Druck machen, oft ohne dass uns dies bewusst ist. Wir werden ständig in verschiedenste Dinge hineingezogen, in Schubladen gesteckt, auf einem Gleis abgestellt und wissen nicht, dass wir in der Lage sind, etwas daran zu ändern. Dies gilt für den gestressten Geschäftsmann ebenso wie für den Arbeitslosen, für die Leistungssportlerin wie für die alleinerziehende Mutter, für den Arzt wie für den Kranken. Auch wenn wir nur bedingt Einfluss auf unsere Lebensumstände haben, können wir mithilfe von Achtsamkeit anders mit ihnen umgehen.

Achtsam zu leben heißt, als Allererstes Verantwortung für uns selbst zu übernehmen. Niemand anderer kann dies tun, es fällt allein in unseren Bereich. Kein Partner, kein Arbeitgeber, kein Kind, keine materiellen Dinge und auch keine Religion, keine Philosophie, kein Staatsmann sind für unser eigenes Glück verantwortlich – nur wir allein. Denn das Glück tragen wir bereits in uns. Wir müssen es nur freilegen.

Wenn wir lernen, achtsam mit dem Moment umzugehen, wird das Leben einfacher. Und in dieser neuen Einfachheit erfahren wir, was innere Freiheit heißt: das Loslösen von falschen Vorstellungen, Erwartungen, Konditionierungen und Manipulationen, die unsere Gesellschaft, unsere Kultur, unsere persönliche Geschichte und Erfahrung mit sich bringen.

Als wahrhaft freie Menschen lassen wir uns nicht länger von anderen vereinnahmen und in Gefahr bringen auszubrennen, sondern ruhen in unserer eigenen Mitte, aus der heraus wir Kraft und Stärke ausstrahlen. Mittels dieser neuen, inneren Stärke sind wir in der Lage, unser Leben zu meistern, wie immer es sich gestalten mag, und auch andere an unserer Klarheit und Nächstenliebe teilhaben zu lassen. In dem Wissen, dass wir andern nur das vermitteln können, was wir in uns selbst realisiert haben, arbeiten wir an unserer Entwicklung, um aus vollem Herzen geben zu können. Wir tragen universelle Liebe und Mitgefühl in uns, ohne von anderen zu erwarten, dass sie uns aus unserer eigenen Unzufriedenheit und innerer Einsamkeit befreien.

Durch die Übung der Achtsamkeit werden Sie aufnahmefähiger, lernfähiger, weil Sie gedanklich nicht mehr abschweifen und stattdessen im Moment präsent sind. Ihre Wahrnehmung verstärkt sich. Sie sehen das Kind, das hinter dem Ball auf die Straße rennt, rechtzeitig und können reagieren. Sie werden ruhiger, ausgeglichener, rücksichtsvoller gegenüber anderen und lassen sich nicht mehr provozieren. Mit Stress und Druck können Sie immer gelassener umgehen und werden nicht von Zweifeln und Panik ergriffen. Stattdessen konzentrieren Sie sich auf Ihre Aufgabe und erledigen alles ruhig eines nach dem anderen, da Ihnen bewusst ist, dass sich jeder Weg aus einzelnen kleinen Schritten zusammensetzt. Auch lassen Sie sich nicht von anderen vereinnahmen, schlimmstenfalls so lange, bis Sie ausbrennen, sondern ruhen in Ihrer eigenen Mitte. Sie fühlen sich stark und selbstbewusst, bereit, Ihr Leben selbstverantwortlich zu meistern.

Dies alles bewirkt die Achtsamkeit, die Achtsamkeit im Moment.

Sie glauben das vielleicht nicht? Das ist gut, denn glauben heißt nicht wissen. Buddha selbst hat die Menschen immer wieder aufgefordert, nichts zu glauben – weder, was in heiligen Büchern steht, noch, was andere ihnen erzählen, er selbst eingeschlossen. Was immer Sie hören oder lesen – auch in diesem Buch: Prüfen Sie es, und nehmen Sie es nur dann an, wenn es für Sie richtig ist und sich für Ihre Entwicklung als förderlich erweist. Wenn Sie die Achtsamkeit in Ihr Leben einladen, werden Sie in der Lage sein, wirkliches Wissen in sich selbst freizulegen.

DIE GESCHICHTE VOM FISCHER UND DEM GESCHÄFTSMANN

Am späten Vormittag saß ein Fischer unter einer Palme am Strand und blickte zufrieden aufs Meer hinaus. Der Morgen hatte ihm einen guten Fang beschert, von dem seine Familie und auch die Leute im Dorf satt werden würden.

Da kam ein Geschäftsmann des Weges.

»Warum sitzt du da unter der Palme und schaust aufs Meer, statt hinauszufahren und Fische zu fangen?«, fragte er den Fischer.

Der ließ sich nicht in seiner Ruhe stören. »Ich war schon draußen«, sagte er nur.

»Ja, und wie viel hast du gefangen?«

»Genug, dass wir heute satt werden.«

Der Geschäftsmann griff sich an den Kopf. »Mehr nicht? Das verstehe ich nicht ... Du hast doch Zeit, warum fährst du nicht raus und machst noch einen Fang?«

Der Fischer sah den Geschäftsmann verständnislos an. »Wozu denn?«

»Du könntest mehr Fische verkaufen«, ereiferte sich der Geschäftsmann. »Du könntest dir von dem verdienten Geld ein tüchtigeres Boot kaufen, bessere und größere Netze. Damit fängst du mehr und kannst noch mehr verkaufen. Dann kannst du sogar Leute einstellen, die für dich arbeiten, und dein Erlös vermehrt sich. Vielleicht kannst du sogar eine eigene Fischkonservenfabrik gründen und die Fische weltweit vertreiben ...«

»Und wenn ich das alles geschafft habe, was mache ich dann?«

»Dann … ja, dann kannst du es ruhig angehen lassen. Du kannst dich irgendwo unter eine Palme setzen und den Blick aufs Meer genießen«, schlug der Geschäftsmann vor.

Der Fischer lachte lauthals. »Und was tue ich jetzt?«

Leben Sie den Moment.
Leben Sie im Hier und Jetzt.
Leben Sie die Freude am Sein.

KAPITEL 2

DIE MACHT DES VERSTANDES

Der Verstand kann viel bewegen. Er kann nützlich sein und auch zerstörerisch, je nachdem, wie wir ihn einsetzen und mit ihm umgehen. So wie der Mann, der mit seiner eigenen Kraft ein Haus baut, es mit seiner Kraft auch wieder zerstören kann. Es ist dieselbe Kraft, nur wird sie anders genutzt.
Lernen wir also, unseren Verstand zu verstehen, sodass wir ihn zum Wohl aller einsetzen können.

HAN SHAN

Eine frische Brise strich mir übers Gesicht und ließ mein Hemd flattern. Die Nacht hindurch war ich mit dem Bus von Bangkok nach Sakon Nakhon gefahren, einer kleinen Stadt am Ufer des Nong-Han-Sees. Nun saß ich im Bug ei-

nes schmalen Fischerbootes und fuhr hinaus zu der Insel, auf der ich als Mönch leben würde.

In der Ferne sah ich eine Gruppe Bäume aufragen. Das musste sie sein: Don Savan, die Insel des Himmels.

Das Boot tuckerte durch Schlingpflanzen und Lotusfelder, dann öffnete sich der See. Ich richtete mich auf. Dieses Gefühl von Freiheit …

Alles hatte ich hinter mir gelassen, das ganze Geschäftsleben, den ganzen Konsum. Um hierherzukommen. Frei zu sein. Zu entdecken, wer ich überhaupt bin und warum ich bin …

Meine Augen brannten. Es war nicht der Wind, der sie tränen ließ. Dieses Gefühl von Freiheit … es war so überwältigend.

Schon einmal war ich aufgebrochen, um frei zu sein. Damals in Singapur hatte ich mein eigenes kleines Unternehmen gegründet, um selbstständig meine Ideen umzusetzen, und zwar ohne die Restriktionen, die eine große Organisation mit sich bringt. Endlich konnte ich das tun, was ich für richtig hielt! Später musste ich erkennen, dass die Realität nicht unbedingt meiner Vorstellung entsprach. Jetzt war ich zwar nicht länger von meinen Vorgesetzten abhängig, dafür aber von Kunden, Angestellten, Zulieferern und Banken …

Auf der Insel, so dachte ich während der Überfahrt, gab es einen neuen Ansatzpunkt für wirkliche Freiheit. Schließlich hatte ich doch mein gesamtes Geschäftsleben losgelassen. Ich hatte den Kopf frei, endlich! So jedenfalls erzählte es mir mein Verstand auf glaubhafte Weise.

Wochen später erkannte ich, dass das, was mir der Ver-

stand als Freiheit vorgespielt hatte, auch keine wirkliche Freiheit war. Gerade mal die Art der Abhängigkeit hatte sich geändert: Jetzt war ich statt von Kunden, Angestellten und Zulieferern abhängig vom Wetter, dem ich ausgesetzt war, den Essensspenden der Bevölkerung, der Tauglichkeit des Bootes, das mich ans Ufer brachte, und statt dem ständigen Termindruck gab es Moskitos, die mich stachen, und Ameisen, die bissen.

Darüber hinaus quälten mich Gedanken und Vorstellungen, die in ihrer Absurdität und Sinnlosigkeit wohl kaum zu übertreffen waren.

Während ich meditierte, wurde mir klarer und klarer, was wirkliche Freiheit bedeutet, nämlich mich von den Zwängen meines eigenen Verstandes zu befreien. Also musste ich nach innen schauen, in mich hinein. Den Verstand beobachten, um ihn kennenzulernen und zu verstehen. Denn um mit ihm richtig umgehen zu können, müssen wir seine Funktionsweise begreifen. Das war der Weg!

KANN DER VERSTAND PAUSIEREN?

Vielleicht kennen Sie das: Sie setzen sich hin, wünschen sich nichts mehr, als einfach mal abzuschalten, zur Ruhe zu kommen … Ein tiefer Atemzug und noch einer … und schon meldet sich der Verstand und fängt beharrlich an, Ihre Ruhe zu stören. Sie ärgern sich, kreist er doch um genau die Dinge, an die Sie eben nicht denken wollen: den Druck in der Arbeit, das mürrische Gesicht der Kollegin, den Ärger der Kinder in der Schule, Ihr Garagenplatz, auf dem der Nachbar mal wieder sein Auto geparkt hat … Was tun?

Eine Weile ringen Sie vielleicht noch mit dem Verstand, versuchen, die störenden Gedanken wegzuschieben. Dabei spüren Sie in sich den wachsenden Wunsch, alles hinter sich zu lassen und auf die einsame Insel zu flüchten, die weit genug von Ihrem Alltag entfernt ist, sodass niemand Sie belangen kann. Möglicherweise haben Sie auch Yoga oder Meditation für sich entdeckt, und es gelingt Ihnen, sich auf Ihren Atem zu konzentrieren und Kraft aus den Augenblicken der inneren Ruhe zu schöpfen. Vielleicht gehen Sie aber auch einfach zum Kühlschrank, gönnen sich einen Snack, setzen sich aufs Sofa und lenken sich mit Ihrem Lieblingsfilm ab. Oder Sie joggen durch den Park und fallen anschließend müde ins Bett.

Warum ist das so? Warum gelingt es uns nicht, unsere Gedanken abzustellen, wenn wir dringend Ruhe brauchen? Warum können wir nicht loslassen und uns freimachen von unseren Gedanken, Gefühlen, Vorstellungen, von Ängsten und Sorgen? Was bedeutet es, wirklich frei zu sein?

Wenn Sie Achtsamkeit in Ihr Leben einladen und sich ganz auf den Moment einlassen, begegnen Sie schon bald einem machtvollen Zauberer auf Ihrem Weg – dem Verstand. Der Verstand ist der Auslöser für alles, was wir tun. Jedes einzelne Wort wird vom Verstand formuliert, jede Handlung durch die Aktivität des Verstandes ausgelöst. Sind wir es, die über den Verstand herrschen – oder werden wir nicht vielmehr von ihm beherrscht?

Aus diesem Grunde sollten wir realistisch sein und herausfinden, was unser Verstand wirklich zu leisten imstande ist – und was er gewöhnlich den ganzen Tag über hervorbringt.

Und es ist richtig: Der menschliche Verstand ist zu Großem fähig.

Von den Weltwundern der Antike bis hin zur Raumfahrt basiert alles, was die Menschheit entworfen, konstruiert und geschaffen hat, auf Wissen, das der Verstand ans Licht bringt.

Naturwissenschaftliche Forschungen und Erkenntnisse, philosophische Theorien, die Architektur, die Künste – all das sind Produkte unseres Verstandes.

Der Verstand kann sehr leistungsfähig sein, wenn er bei der Sache bleibt. Ist ein hohes Maß an Konzentration also die Lösung, um den Verstand bestmöglich zu nutzen?

Konzentration hat die Kraft, den gedanklichen Vorgang zu unterdrücken und das Springen des Verstandes von hier nach da zu unterbinden. Mit ihrer Hilfe können wir den Verstand zur Ruhe bringen, damit er, zumindest für eine Weile, nicht abschweift und sich auch nicht gegen unsere Absicht mit allen möglichen Dingen beschäftigt.

An dieser Stelle möchte ich Sie zu einer kleinen Übung einladen.

ÜBUNG: Konzentration auf den Atem

➤ Suchen Sie sich einen Platz, an dem Sie für 10 Minuten nicht gestört werden. Legen Sie alle Kleidungsstücke ab, die Sie einengen, und setzen Sie sich bequem hin. Wählen Sie eine Sitzhaltung, in der Sie sich wohlfühlen. Achten Sie darauf, dass Ihre Wirbelsäule aufrecht ist, sodass Sie gleichmäßig atmen können.

➤ Schließen Sie die Augen. Atmen Sie tief ein und aus, bis Sie Ihren Atemrhythmus gefunden haben. Spüren Sie nun das Heben und Senken Ihrer Bauchdecke. Tief atmen Sie ein, und die Bauchdecke hebt sich. Tief atmen Sie wieder aus, und die Bauchdecke senkt sich wie von selbst. Heben ... senken ... heben ... senken ... Vielleicht möchten Sie es sich im Stillen vorsagen: »Heben ... senken ...« Sie können es aber auch einfach nur spüren.

➤ Wann immer Ihre Gedanken Sie aus dem gegenwärtigen Moment wegtragen, konzentrieren Sie sich wieder auf das Heben und Senken Ihrer Bauchdecke.

➤ Nach Ablauf der 10 Minuten atmen Sie noch einmal bewusst tief ein und aus und öffnen die Augen.

Haben auch Sie während der Übung die Erfahrung gemacht, dass der Verstand immer wieder abschweift? Vermutlich ist es Ihnen gelungen, sich für einen Moment zu konzentrieren und Gedanken, Gefühle sowie Vorstellungen zu unterdrücken. Viel öfter werden Sie jedoch gespürt haben, dass der Verstand eine Art Eigenleben führt.

Was haben Sie beim Üben erlebt? Sie saßen mit geschlossenen Augen da. Wahrscheinlich haben Sie sich gefreut, geärgert, hatten Wutanfälle, Glücksgefühle, Liebe, Enttäuschung, Traurigkeit, Verbundenheit. Weltreise? Alles war möglich, auch das ging, es gab keine Restriktionen. Nachdem Sie die Augen wieder aufmachten, was war wirklich passiert? Nicht sehr viel. Sie saßen immer noch am selben

Ort, in derselben Position. Nur der Verstand hat Sie in eine Scheinwelt mit all ihren Licht- und Schattenseiten hineingezogen.

Und das ist ganz natürlich, denn:

Es ist die Natur unseres Verstandes,
niemals zu ruhen.
Er ist immer unterwegs.

Wenn die Konzentration stark genug ist, kann sie dem Strom der Gedanken, Gefühle und Vorstellungen Einhalt gebieten. Aber nur für kurze Zeit. Die Ruhe, die wir ersehnen, ist vergänglich, denn sobald die Konzentration auch nur ein bisschen nachlässt, fallen wir wieder in unser altes Muster zurück.

Denn: Wir können nicht *nicht denken*, auch wenn wir uns das manchmal wünschen. Aber das wird wohl ein Wunsch bleiben, denn der Verstand arbeitet ohne Unterlass. Es ist seine Natur, genau das zu tun, unaufhörlich, das ganze Leben hindurch.

Außerdem wollen wir ja nicht wirklich aufhören zu denken.

Wir wünschen uns vielmehr, dass unser Verstand uns darin unterstützt, ein sinnvolles und glückliches Leben zu führen, dass er uns Antworten auf unsere großen Fragen schenkt und nicht wie ein wildes, ungezähmtes Pferd durchs Gelände galoppiert, vor- und zurückspringt, sich im Kreis dreht, um dann wieder in eine andere Richtung loszustürmen. Um den Verstand wirklich einzuspannen, damit er uns helfen kann, unser wahres Potenzial auszuschöpfen und unser Leben in der richtigen Weise zu managen, ist es ganz offenbar nötig, ihn zu zähmen. Aber wie kann uns das gelingen?

Wenn Sie ein Wildpferd zähmen wollen, müssen Sie sich mit ihm vertraut machen. Sie müssen seine Natur kennenlernen und dafür Geduld und Disziplin aufbringen. Dann werden Sie es eines Tages zum Freund haben und auf ihm reiten können.

Ganz ähnlich verhält es sich auch mit dem Verstand. Wir müssen die Natur des Verstandes näher beleuchten. Wir müssen verstehen, wie er wirklich arbeitet – nicht, wie er vorgibt zu sein, sondern wie seine wahre Funktionsweise ist. Nur wenn wir ihn wirklich kennen, können wir bestmöglich mit ihm umgehen und ihn gewinnbringend in unserem Leben einsetzen.

DIE TRICKKISTE DES VERSTANDES

Dass der Verstand große Leistungen zu vollbringen vermag, haben wir ihm bereits attestiert. Auf der anderen Seite hat er offenkundige Schwachstellen. Die Vergesslichkeit zum Beispiel.

Geht es Ihnen auch manchmal so, dass Sie sich an etwas absolut nicht erinnern können? Den Namen Ihres Gegenübers vielleicht? Eben lag er Ihnen noch auf der Zunge, doch plötzlich ist er Ihnen »entfallen«. Sie fangen an zu grübeln. Alles Mögliche kommt Ihnen in den Sinn, nur nicht der Name. Irgendwann fällt er Ihnen wieder ein, einfach so. Auch das ist die Natur des Verstandes. Er beschäftigt sich so sehr mit allen möglichen Dingen, dass er auf gespeichertes Wissen nicht zuverlässig zugreifen kann.

Manchmal haben wir in Stresssituationen auch ein komplettes Black-out. Unser Kopf scheint vollkommen leer zu sein. Dies sagt uns zumindest unser Verstand. Vielleicht haben Sie das selbst erlebt, saßen in einer Prüfung und konnten sich partout nicht an die Antwort auf eine Frage erinnern, auch wenn Sie bestens vorbereitet waren. Wo ist das Wissen hin? Es ist nicht wirklich verschwunden, der Verstand kann nur momentan nicht darauf zugreifen. Er hält Sie unterdessen mit Versagensängsten beschäftigt, macht diese Ängste zum Thema seiner Geschichten und drängt das gespeicherte Wissen noch weiter in den Hintergrund. Gerade so, als sei nicht er es, der in diesem Augenblick versagt.

Um neue Fähigkeiten zu erwerben, sind wir Menschen abhängig von Wiederholungen. Je öfter wir einen bestimmten Vorgang wiederholen, desto tiefer setzt er sich bei uns fest. In der Schule, im Beruf, beim Autofahren oder Sport: Alles müssen wir wiederholen, bis sich der Vorgang festgesetzt hat und automatisch abläuft, sobald ein Auslöser von außen durch unsere Sinnesorgane oder einen Impuls von innen den Verstand entsprechend in Gang setzt. Wir lernen durch Wiederholung.

Wir lernen auch durch wiederholte Beobachtung.

Wenn wir den Verstand beobachten, drängt sich die Erkenntnis auf, dass er der größte Illusionist ist, der uns im Leben begegnen kann. Was hat er Ihnen nicht schon alles erzählt, das sich letztendlich als Irrtum erwiesen hat. Ständig will er dabei sein und hat zu allem eine Meinung. Beeinflusst von unserem Ego, täuscht er liebend gern vor, wie bedeutend er ist. Doch ehrlicherweise müssen wir uns eingestehen, dass der Verstand seinem Wesen nach ziemlich limitiert ist. Wie oft sagen wir uns am Tag: »Das hätte ich nicht gedacht«, oder: »Dass es so kommen würde, habe ich mir nicht vorstellen können.«

Entmystifizieren wir den Verstand ruhig noch ein wenig mehr. Wir wissen ja, dass wir im täglichen Leben auf ihn angewiesen sind. Eine ehrliche Bestandsaufnahme kann also gewiss nicht schaden.

Der Verstand ist geschwätzig und führt einen fortwährenden Dialog mit sich selbst. Er ist ständig mit allen möglichen Dingen beschäftigt, die er früher einmal gelernt hat, und raubt Ihnen ein großes Stück Lebensqualität, indem er selbst in den schönsten Momenten kritische Bemerkungen macht und Sie vom gegenwärtigen Augenblick wegzieht. Oder wie geht es Ihnen am ersten von sieben Urlaubstagen, wenn Sie nach einem langen Flug endlich auf der Insel Ihrer Träume sitzen, sich zurücklehnen und die Augen schließen … Machen Sie da nicht auch die Erfahrung, dass Ihr Verstand Sie mit Vorliebe an all die Dinge erinnert, die Sie gedanklich zu Hause lassen wollten, dass Sie all Ihre Sorgen, Probleme, unerledigten Dinge und sogar die Kollegen im Gepäck haben?

Ihr Verstand gönnt Ihnen einfach keine Pause. Er lässt auch nicht gern etwas los, wenn er einmal angefangen hat, sich damit zu beschäftigen. Viel lieber spinnt er die Gedanken weiter und webt daraus ein Netz, in dem Sie sich verfangen. Als Geschichtenerzähler ist er wirklich unschlagbar. Nur, dass Sie seine Geschichten oft gar nicht hören wollen…

Die meisten Gedanken, die der Verstand produziert, sind nämlich überflüssig und bestehen aus negativ gefärbten Kommentaren, Urteilen oder rein zufälligen Verknüpfungen. Der Verstand sucht immer wieder Vergleiche mit ähnlichen Situationen, er assoziiert ständig, rennt und rennt, wie die Menschen selbst.

Ein Beispiel: Sie schauen aus dem Fenster und sehen ein rotes Auto. Schon fängt Ihr Verstand an zu rasen. Gedanken kommen und mit ihnen Gefühle: »Ein Porsche Cabrio … Mein Chef hatte doch mal einen roten Porsche. Hatte er nicht einen Unfall? Ja genau, ein Schleudertrauma, als ihm einer draufgefahren ist. So wie ich damals, als wir im VW-Bus nach Südfrankreich unterwegs waren. Wie lange ist das denn jetzt her, mal überlegen …«

In Bruchteilen von Sekunden schickt der Verstand Sie in eine andere Zeit und an einen anderen Ort. Hat dies noch etwas mit Ihrer Realität zu tun? Sehen Sie die Gegenwart noch?

Ein simpler Auslöser genügt, um Sie dem gegenwärtigen Augenblick zu entreißen. Ist Ihnen bewusst, dass der Verstand diese Macht über Sie hat? Er lässt Sie nicht im Moment verweilen und trägt Sie permanent fort. Die Zeit kann jedoch nicht zurückgedreht werden. Die Vergangenheit ist längst vorbei, die Zukunft hat noch nicht stattgefunden, sie entfaltet sich unaufhörlich. Die Zeit bleibt nicht stehen. Und genau dieser Augenblick – jetzt! – ist nun auch schon wieder vergangen. Wann immer Sie Einfluss auf Ihr Leben nehmen wollen, ist der gegenwärtige Moment immens wichtig, denn er entscheidet darüber, was im nächsten Moment passiert. Genau hier setzt die Achtsamkeit an, sie lässt

Sie den gegenwärtigen Augenblick wahrnehmen. Der Verstand aber ist nicht von Natur aus im Moment. Wenn Sie ihn nicht durch Achtsamkeit zügeln, entgleitet Ihnen die Gegenwart.

Zurück zu unserem roten Auto. Wenn wir hier den Blick schärfen und den Vorgang am Beispiel eines Computer verdeutlichen, erkennen wir Folgendes: Der Verstand erhält seine Informationen aus unserem energetischen Speicher – von der »Festplatte« unseres Computers, um im Bild zu bleiben. Dieser Computer ist schon seit einer gefühlten Ewigkeit in unserem Besitz, und entsprechend viele Informationen sind auf seiner Festplatte gespeichert: Gedanken, Gefühle, Aktionen und Reaktionen, Erfahrungen und Vorstellungen, erfüllte Wünsche und solche, die sich nicht erfüllt haben – kurz: eine bunte Mischung aus mehr oder weniger nützlichen Informationen, die sich seit einer Ewigkeit – viel länger, als unsere bewusste Erinnerung zurückreicht – dort angesammelt haben. Diese Informationen verarbeitet der Verstand zu Output in Form von Gedanken, Gefühlen und Vorstellungen. Der Sinnesreiz (das Sehen des roten Autos) hat den Vorgang durch die Augen auf unserer »Festplatte« ausgelöst. Dabei werden auch alle Begebenheiten, die irgendwie mit dem Vorfall zusammenhängen und ebenfalls auf der Festplatte gespeichert sind, automatisch mit aktiviert (in diesem Fall der rote Porsche des Chefs, der Unfall, das Schleudertrauma, »ich auch«, VW-Bus, Südfrankreich). Der Verstand ist in eine bestimmte Richtung in Gang gesetzt worden und verarbeitet in seiner Prozessorfunktion sämtliche Verknüpfungen, die mit dem Vorfall zusammenhängen. Dieser Vorgang läuft so lange ab, bis er von einem neuen

Sinnesreiz oder einer Wahrnehmung angehalten wird, die eine andere Verknüpfung auf der Festplatte aktiviert. Diese wird wiederum verarbeitet, und der Verstand rennt in eine neue Richtung. Ein solcher Vorgang läuft in einer so unvorstellbar hohen Geschwindigkeit ab, dass auch der derzeit schnellste Computer dagegen langsam wirkt.

Unsere Beobachtung können wir dazu nutzen, den Verstand genauer zu definieren:

Der Verstand hat kein wirkliches Eigenleben, er kann nur das verarbeiten, was in unserem energetischen Speicher – auf der Festplatte – vorhanden ist. Also ist der Verstand seiner wahren Natur nach ein *Prozessor*: Er verarbeitet Input zu Output. Alle seine Schöpfungen sind ein Spiegel dessen, was auf Ihrer »Festplatte« vorhanden ist. Was nicht auf der »Festplatte« gespeichert ist, kann deshalb auch nicht vom Verstand verarbeitet werden.

In der Antike und im Mittelalter waren die meisten Menschen überzeugt, die Erde habe die Form einer Scheibe. Also ließen alle ihre Beobachtungen genau diesen Schluss zu. Sie sahen einfach nur, was sie zu wissen glaubten, beziehungsweise verarbeiteten die Informationen, die auf ihrer Festplatte gespeichert waren. Die Tatsache, dass es schon damals Menschen gab, deren Festplatte offenbar anders konfiguriert war und die daher erkannten, dass die Erde eine Kugel ist, wurde ignoriert, und schlimmstenfalls wurden diese Andersdenkenden sogar bekämpft. Als immer mehr Erkenntnisse und Beweise hinzukamen und die »Festplatten« vieler bereicherten, änderte sich der Input für den Verstand, und seither sind wir Menschen überzeugt, dass die Erde keine Scheibe, sondern eine Kugel ist.

Alle gedanklichen Prozesse laufen in uns selbst ab und sind daher auf den Inhalt unserer Festplatte limitiert, die bei jedem Menschen anders konfiguriert ist. Nicht einmal Zwillinge sind sich so nah oder so ähnlich, dass ihr Speicher genau der gleiche ist.

Wenn wir reden, geben wir wieder, was auf unserer Festplatte vorhanden ist. Reden wir über andere, dann glauben wir zwar, dass wir uns in sie einfühlen und sie verstehen, doch im Grunde reden wir über uns selbst. Wir können gar nicht anders, als andere Menschen und die ganze Welt um uns herum mit unseren Augen zu sehen und die Informationen, die wir so bekommen, unter Verwendung des auf unserer Festplatte Gespeicherten mit unserem Verstand zu verarbeiten. Mit anderen Worten: Wir sehen Neues und Unbekanntes nicht etwa »mit ganz neuen Augen«, sondern vergleichen es blitzschnell mit dem Alten und Bekannten, sprich, mit dem, was als Input von unserer Festplatte kommt.

Ein gutes Beispiel dafür ist das, was zwei Freunde von mir auf einer gemeinsamen Reise nach Australien erlebt haben. Für beide war es die erste Reise durch einen unbekannten Kontinent. Alles war absolut neu für beide, sie erlebten genau dieselben Dinge, trafen zum gleichen Zeitpunkt genau dieselben Menschen, waren mit genau denselben Schwierigkeiten konfrontiert. Am Ende der Reise verglichen sie ihre Reisetagebücher – und staunten nicht schlecht. Es war, als hätten sie zwei vollkommen unterschiedliche Reisen gemacht. Und so war es wohl auch, denn wir nehmen unseren alten Computer mit dem gesamten Inhalt seiner Festplatte überallhin mit.

Und natürlich gilt dies auch, wenn Sie sich nicht vom Fleck bewegen und stets in Ihrer vertrauten Umgebung bleiben. Was immer Sie gerade beschäftigt, Ihr Verstand liefert eine Vorstellung dazu. Sei es der neue Kollege, den Sie noch gar nicht kennen, von dem der Verstand aber bereits eine Vorstellung hat, sei es der Grillabend mit Freunden, der geplante Wochenendtrip, die Aussprache mit Ihrem Partner, für die Ihr Verstand bereits Antworten auf vorgestellte Fragen einstudiert, das Meeting mit Kollegen, ein Vorstellungsgespräch ... Der Verstand liefert Ihnen unermüdlich Szenarien, Dialoge, Hintergründe, als ginge es darum, in einem fort Drehbücher zu schreiben. Diese haben jedoch einen Haken: Es sind *mögliche* Szenarien, Dialoge, Hintergründe, die allesamt nicht das Geringste mit der Realität zu tun haben müssen.

Wie oft stellen Sie sich etwas vor, was dann ganz anders abläuft?

Legen auch Sie sich Antworten auf mögliche Fragen zurecht? Lösen Schwierigkeiten, die noch nicht mal aufgetaucht sind? Schaffen Probleme, die es gar nicht gibt?

Manchmal stimmen die vorgestellten Szenarien in etwa mit der Wirklichkeit überein, dann fühlen Sie sich sicher und bestätigt. Doch es kann auch ganz anders kommen. Der Kollege erweist sich bei näherem Kennenlernen als unsicher statt arrogant, der Grillabend fällt buchstäblich ins Wasser, der Wochenendtrip wird wegen eines Fluglotsenstreiks verschoben, und bei der Aussprache mit dem Partner überrascht dieser Sie mit einer unerwarteten Ankündigung. Im Meeting und im Interview werden Sie mit Fakten konfrontiert, die Sie nicht wissen konnten – und schon lösen sich all Ihre Vorstellungen binnen eines Augenblicks in Luft auf. Wie viel Zeit haben Sie damit verbracht, sich alles auszumalen?

Jeder Mensch auf dieser Welt möchte, dass in seinem Leben alles so kommt, wie er es sich vorstellt. Doch jeder Einzelne ist anders, hat eine anders konfigurierte »Festplatte«, und alle Menschen haben unterschiedliche Vorstellungen. Wie viele Milliarden Menschen gibt es auf der Welt? Kann immer alles so geschehen, wie jeder Einzelne es sich ausmalt?

Wenn wir darauf bestehen, dass immer alles genau so Wirklichkeit wird, wie wir es uns vorstellen, werden wir nie auf Dauer glücklich sein können.

Und es gibt auch nur einen Grund, warum der Verstand ständig mit Vorstellungen beschäftigt ist: unser Bedürfnis nach Sicherheit. Wir spielen mögliche Situationen durch und glauben, uns dadurch vorbereiten und im besten Licht zeigen zu können. Doch die Dinge um uns herum wandeln sich ständig, und wir haben absolut keine Kontrolle über das, was sich außerhalb unserer selbst befindet. Der Kollege, das Wetter, die Fluglotsen, der Partner … sie alle entziehen sich unserem Einflussbereich. Und sie sind auch nicht dazu da, unsere Vorstellungen Realität werden zu lassen.

Auch über unsere eigene Zukunft haben wir keine wirkliche Kontrolle. Das Leben ist voller Ungewissheiten und verändert sich in einem fort. Verstandesmäßige Vorstellungen sind jedoch keine Lösung, sie bieten keine Sicherheit. Sie locken uns auf eine falsche Fährte, lassen uns glauben, wir hätten Einfluss und Kontrolle, denn der Verstand setzt unsere Vorstellungen mit der Realität gleich. Maßt sich unser Verstand etwa an, Ereignisse vorherzusehen? Ist das überhaupt möglich? Haben Sie jemals selbst erlebt, dass sich Ihr Verstand etwas Unvorhergesehenes zutreffend vorgestellt hat?

ÜBUNG: Vorstellungen und Realität

- Nehmen Sie sich am Ende des Tages ein wenig Zeit und denken Sie über Ihre verstandesmäßigen Vorstellungen nach.
- Versuchen Sie sich zu erinnern, welche Vorstellungen Sie sich von ebendiesem Tag gemacht haben – von der Fahrt zur Arbeit, den Launen der Kollegen, den Arbeitsabläufen, der Stimmung zu Hause, Ihrer Freizeit ...
- Und wie ist der Tag wirklich verlaufen? Sind Ihre Vorstellungen eingetroffen? Welche Ihrer Vorstellungen sind jemals voll und ganz Realität geworden?

Wenn es Ihnen gelingt, achtsam im Moment zu leben, werden Sie auch in der Lage sein, die Dinge auf sich zukommen zu lassen. Dann brauchen Sie kein vorgeschobenes Gefühl von Sicherheit, müssen künftige Situationen nicht erst in allen möglichen Variationen durchspielen, denn dann haben Sie die Kraft der Achtsamkeit zur Verfügung, die es Ihnen ermöglicht, in jeder Lage angemessen zu reagieren und Ihr volles Potenzial zu nutzen. Und genau da beginnt effizientes Selbstmanagement.

Eng mit unseren Vorstellungen verknüpft sind Wünsche, Erwartungen und Illusionen. Erinnern wir uns, der Verstand neigt dazu, an Dingen festzuhalten. Was immer Sie sich wünschen – angefangen von einer befriedigenden Arbeitssituation über eine harmonische Partnerschaft bis hin zu Erfahrungen, die Sie unbedingt machen, und Dingen, die Sie um jeden Preis haben wollen – Ihr Verstand wird das Thema eifrig aufgreifen und Ihnen in allen Farben ausmalen, was sein wird, wenn Sie das Gewünschte endlich Ihr Eigen nennen.

Vielleicht mögen Sie es ja, in den Tag hineinzuträumen, sich ganz den Illusionen hinzugeben. Vermutlich ist Ihr Verstand im Kreieren dieser Illusionen viel besser als die meisten Unterhaltungsprogramme. Doch Illusion ist nicht Realität. Sie erzeugt Erwartungen, die sich aufgrund der vielen Variablen im Außen nur selten erfüllen. Das führt letztendlich zu einer Desillusionierung, zum Aufdecken der Wirklichkeit hinter den Illusionen des Verstandes. Oft haben Illusionen nicht nur große Enttäuschungen zur Folge, sondern setzen auch die Außenwelt unter Druck. Insgeheim machen wir nämlich diejenigen, die unsere Erwartungen nicht erfüllen, für das Scheitern unserer Illusionen verantwortlich.

Wie viel Leid, wie viele Missverständnisse und Konflikte entstehen, weil der Verstand blitzschnell Erwartungen und Wünsche verarbeitet, weil er urteilt, weil er wertet? Wie sehr kann er durch Worte verletzen, die er sich so scharf schmiedet wie ein Schwert?

ÜBUNG: Im Zwiegespräch mit dem eigenen Verstand

- Um Ihren Verstand ein wenig zu erziehen, können Sie anfangen, sich mit ihm zu unterhalten. Nehmen Sie dazu die Position eines Dritten ein, der beobachtet, was der Verstand Ihnen im Laufe eines Tages so alles erzählt.
- Höchstwahrscheinlich ertappen Sie Ihren Verstand dabei, wie er Vorstellungen und Erwartungen erzeugt, urteilt, übertreibt und Dinge vorwegnimmt? Sagen Sie es ihm!

Das Zwiegespräch mit dem Verstand bringt eine Ebene der Achtsamkeit in Ihr Denken und Tun. Ähnlich wie in der Achtsamkeitsübung (siehe Kapitel 4) beobachten Sie den Verstand, statt blind auf seine Vorgaben zu reagieren.

Denken Sie daran: Wenn Sie ein Wildpferd zähmen, müssen Sie auch behutsam vorgehen. Wenden Sie Ihre Erziehungsmethoden weise an. Beschimpfungen, Ärger und Unterdrückung haben noch keinem geholfen Genauso verhält es sich, wenn Sie Ihren Verstand zähmen. Er hat ein großes Potenzial, das Sie nutzen können, wenn Sie wissen, wie.

DIE MACHT DER WIEDERHOLUNG

Werbefachleute kennen sich mit der Macht der Wiederholung bestens aus. Wenn sie ein neues Produkt bewerben wollen, verlassen sie sich weniger darauf, dass dessen Qualität uns Konsumenten zum Kauf bewegt. Wenn das Produkt nämlich ausreichend beworben wird, kaufen es die Leute ganz automatisch.

Und das läuft auf einer unbewussten Ebene ab. Wenn Sie an einer Reklametafel vorbeifahren, werden Sie diese wahrscheinlich gar nicht bewusst wahrnehmen. Dennoch haben Ihre Augen sie erfasst, und der Sinneseindruck legt eine erste Spur in Ihrem energetischen Speicher – auf der Festplatte – an. Sehen Sie diese Reklametafel einige Kilometer weiter wieder, verstärkt sich die Spur. Je öfter das passiert, desto tiefer wird die Spur.

Wenn wir eine Werbung oft genug präsentiert bekommen, unterliegen wir dem Sog der Wiederholung und greifen beim nächsten Kauf unbewusst zu. Wie ein Computerprogramm, das uns auf die zuletzt verwendeten Dateien hinweist, auf Bookmarks und Top Sites, folgt auch unser Verstand der Spur, die durch Wiederholung auf unserer Festplatte gelegt wurde. Das nennt man die Macht der Gewohnheit: Was uns vertraut ist, springt uns ins Auge, und wir empfinden es als gut oder richtig. Wir gewöhnen uns sogar an Dinge, die schmerzen: Afrika ist der Kontinent, auf dem Kinder verhungern. Oder: Der Rücken tut weh, da kann man nichts machen. Und wir verharren in Situationen, die uns nicht guttun, bei einem Partner, den wir nicht mehr lieben, an einer Arbeitsstelle, die uns zermürbt, in einem Umfeld, das uns nicht länger unterstützt und wachsen lässt. Wir verharren damit auch in der Vergangenheit, in der die Spuren gelegt wurden, denen wir nun tagein, tagaus gewohnheitsmäßig folgen. Warum aber ist das so?

Sämtliche Aktionen und Reaktionen eines Wesens erschaffen dessen energetischen Speicher, der mit der Festplatte eines Computers verglichen werden kann. Konditionierungen und Glaubenssätze prägen uns und unsere Handlungen von Kindheit an. Und eine Aktion oder Reaktion, die wieder und wieder begangen wird, hinterlässt eine Spur auf unserer »Festplatte«, der wir automatisch folgen.

Ein Beispiel: Wenn Sie über eine Wiese joggen, hinterlassen Sie eine Spur. Am nächsten Tag nehmen Sie denselben Weg. Schon bald zeichnet sich ein kleiner Trampelpfad auf der Wiese ab, dem Sie (und andere) automatisch immer wieder folgen. Genauso verhält es sich mit allen Aktionen und Reaktionen: Sie legen eine Spur in Ihrem energetischen Speicher an, die sich im Laufe der Zeit »austritt«.

Im Zustand der Achtsamkeit sind wir uns unseres Verhaltens bewusst. Wir nehmen den Impuls wahr, ganz automatisch immer denselben Weg über die Wiese zu nehmen. Aber wir müssen das nicht tun. Wir können uns immer wieder neu für unseren Weg entscheiden und erlangen damit eine Freiheit jenseits unserer Gewohnheiten, Prägungen und Instinkte.

Wer Achtsamkeit regelmäßig trainiert und in den Tag trägt, versteht, warum sich Situationen im Leben ständig wiederholen, warum Vergangenes immer wieder hochkommt und warum man sich oft in den gleichen Situationen oder Konstellationen wiederfindet, selbst wenn die äußeren Umstände oder Beteiligten wechseln. Diese Prägung ist auf unserer Festplatte gespeichert – so lange, bis wir sie ganz und gar gelöscht haben.

DIE WAHRE NATUR UNSERES VERSTANDES

Wie wir erkannt haben, produziert der Verstand laufend Gedanken, einen nach dem anderen wie beim Billard, wenn ein Ball den anderen anstößt. Diese Gedanken haben die Kraft, Sie aus der Gegenwart zu entführen, denn sie kreisen um gestern und morgen und spinnen Geschichten, in denen Sie sich verlieren.

Aus allem, was Sie je wahrgenommen haben, aus all Ihren Aktionen und Reaktionen zimmert der Verstand ein Gedankengebäude und macht es zu Ihrer Wirklichkeit. Dabei funktioniert er im Rahmen der Konditionierungen, Glaubenssätze und Urteile, die sich seit Beginn Ihrer Existenz in Ihnen gebildet haben. In dieses Raster presst er Ihre gesamte Persönlichkeit. Wo bleibt da Raum für Ihre Ressourcen, Ihr nicht ausgelebtes, vielleicht noch verborgenes Potenzial?

Auch Gefühle und Sinneswahrnehmungen werden vom Verstand verarbeitet (siehe Kapitel 4). Gefühle können genau wie Gedanken und Vorstellungen ein gewaltiges zerstörerisches Potenzial in sich bergen. Allerdings können wir Gedanken, Gefühle und Vorstellungen, die uns unangenehm sind, nicht aus unserem Leben ausklammern und uns nur die guten, uns angenehmen aussuchen und nähren, denn sie gehören *alle* zu uns. Wir haben jedoch Einfluss darauf, wie wir damit umgehen.

Wenn uns etwas nicht gefällt, möchten wir es für gewöhnlich weghaben aus unserem Leben, es verdrängen oder verändern. »Weghaben« funktioniert aber nicht, wenn Sie

Ihren Verstand erziehen wollen. Wann immer Sie sich verbieten, an etwas Bestimmtes zu denken, erzeugt er sofort ein Bild genau dessen, woran Sie nicht denken wollen. Mit starker Konzentration können Sie solche Gedanken beiseitedrängen. Doch kaum lässt die Konzentration nach, sind die Gedanken wieder da.

Auch das »Verändern« funktioniert nicht auf Dauer. Manche Menschen »programmieren sich um«, ersetzen mithilfe von Suggestionstechniken negative Gedanken und Glaubensmuster durch positive, unterstützende Gedanken und Affirmationen. Das kann für eine Weile hilfreich sein und das Leben angenehmer machen. Es ist ein wenig wie im Urlaub. Alles wirkt schön und harmonisch ... doch man nimmt sich ja überallhin selbst mit. Die Gedanken rasen noch immer, und auch wenn Wegmarken in Form von Suggestionen aufgestellt sind, damit der Verstand die positiven Abzweigungen erkennt, wird er das nicht permanent tun. Denn die Energien, die ein Mensch in sich trägt, werden sich so lange ausdrücken, bis sie losgelassen oder ausgelebt sind. Ansonsten wäre die Menschheit mithilfe von positivem Denken längst von sämtlichen Ängsten und Depressionen geheilt.

Wer die Achtsamkeit auf das Denken und Fühlen richtet, erkennt: Der Verstand schweigt niemals und ist immer in Aktion. Solange wir leben, entstehen und vergehen Gedanken und Vorstellungen.

DIE GRUNDENERGIEN DES MENSCHEN

Hätten wir keinen Lebenswillen, könnten wir überhaupt nicht geboren werden. Der Wille zu leben, der allen Lebewesen innewohnt, ist der Funke, der uns werden lässt und zum Wachsen bewegt. Weitere Grundenergien, die wir Menschen in uns tragen, sind vor allem unser Machtanspruch sowie Wut, Hass, Eifersucht, Gier, Feindseligkeit, aber auch Mitgefühl, Mitfreude, Liebe, Verständnis, Vertrauen, Ehrlichkeit, Wahrheitsliebe. Hinzu kommen das Bedürfnis nach Sicherheit und Geborgenheit, der Zweifel und die machtvollen Eigenschaften des Wollens und Anhaftens. Sie alle sind im Energiefeld des Menschen – als unsere »Festplattenkonfiguration« – vorhanden.

Diese Grundenergien sind bei jedem von uns unterschiedlich stark ausgeprägt. Während ein Mönch mit einem Schlafplatz im Wald zufrieden ist und nichts als ein Moskitozelt zu seinem Schutz benötigt, baut sich ein anderer ein Haus mit alarmgesicherten Fenstern, Türen und Zäunen. Seine Festplattenkonfiguration – die Summe all seiner bisherigen Aktionen und Reaktionen – sorgt dafür, dass er sich nur in einem Bollwerk sicher fühlt. Zwischen diesen beiden Extremen liegen so viele Variationen des Sicherheitsbedürfnisses, wie es Menschen gibt.

Ein weiterer mächtiger Mitspieler beim energetischen Roulette auf unserer Festplatte, ist das Ego und sein Wunsch, »jemand« zu sein: der Größte, Schnellste, Schönste, Intelligenteste, ein Forscher oder Erfinder, einer, der in die Geschichte eingeht, der die Menschen berührt, sie rettet, erlöst, beglückt, aufrüttelt … kurz: ein Held. Der

Wunsch, ein Held zu sein, hat wiederum viele, auch trickreiche Spielarten: der Held des Landes, der Held des Schulhofs oder der Antiheld, denn auch der fällt auf.

An sich ist das Ego nichts Schlechtes, doch wann immer Menschen seinen Vorgaben – Input – blind folgen, kann dies immense Auswirkungen auf das Leben anderer haben.

Oft werden wir uns der Wirkungsweise von Grundenergien in dem Moment bewusst, in dem wir andere Menschen beobachten und erkennen, wie sie in ein Verhalten hineingezogen werden, das sie plötzlich nicht mehr steuern können. Der Politiker, der uns so integer erschien, wird mit einem Mal korrupt und verstrickt sich in seinen Lügen. Eine Kollegin hintergeht uns, um sich selbst in ein besseres Licht zu rücken. Ein Freund hat plötzlich keine Zeit mehr, er macht Überstunden für ein neues, größeres Auto. Der Partner wird uns fremd, er zeigt Ellenbogen, kämpft sich empor, um sich einen Platz weiter oben in der Hierarchie seines Betriebes zu sichern. Dies sind alltägliche Beispiele, die Kummer und Leid mit sich bringen. Doch die Macht unserer Grundenergien kann noch weit höhere Wellen schlagen. Dann sind Konflikte zwischen zwei Parteien, Religionen, Ländern, Wettrüsten, Kriege, Ausbeutung die Folge.

Um ein Leben in Frieden, Glück und Wohlbefinden führen zu können, braucht es die Kraft der Achtsamkeit. Sie schenkt uns Wissen über unseren Verstand und das, was er gerade verarbeitet und auslöst. Aufgrund seiner Prozessorfunktion kann er sich selbst nämlich nicht erkennen. Dazu ist geschärfte Achtsamkeit nötig.

DAS GLEICHNIS VOM ELEFANTEN

Im Gleichnis von den Blinden und dem Elefanten erzählte Buddha von einem Raja, der alle blind geborenen Männer seiner Stadt um einen Elefanten versammelte. Den einen ließ er das Bein des Elefanten untersuchen, der nächste befühlte den Stoßzahn, ein anderer das Ohr, wieder ein anderer den Kopf, den Schwanz, die Schwanzspitze oder den Rücken … Jeder bekam nur einen Teil des Elefanten zu fassen.

Daraufhin fragte der Raja: »Nun sagt mir, ihr Blinden, was ist ein Elefant?«

Darauf erzählte ihm der Blinde, der das Bein zu fassen bekommen hatte: »Der Elefant ist wie eine Säule.« Der Nächste, der das Ohr des Elefanten untersucht hatte, sagte: »Der Elefant ist wie ein geflochtener Korb.«

Dem widersprach der Blinde, der die Schwanzspitze gefühlt hatte: »Der Elefant ist wie eine Bürste!« … Und so erzählte jeder dem Raja, wie der Elefant wirklich sei, und sie gerieten darüber derart in Streit, dass sie aufeinander losgingen.

Es fällt uns Menschen schwer, das Ganze zu sehen, und oft glauben wir, dass unser Teilwissen schon das ganze Wissen ist. Wie das Ganze wirklich aussieht, entzieht sich unserer Vorstellung. Wir haben es noch nicht erfahren. Durch unser Ego motiviert, sind wir aber allzeit bereit, unser limitiertes Teilwissen als Ganzes zu verteidigen.

KAPITEL 3

DER ACHTSAMKEIT AUF DER SPUR

Achte auf deine Gedanken,
denn sie werden zu deinen Worten.
Achte auf deine Worte, denn sie werden zu deinen Taten.
Achte auf deine Taten, denn sie werden
zu deinem Charakter.

Han Shan

Schwere Regentropfen prasselten auf die Blätter hoch über mir. Wie jeden Tag saß ich unter einem Baum zum Meditieren – vierzehn Stunden, vielleicht auch länger. Die Bäume auf Don Savan hatten mich von Anfang an in Ehrfurcht versetzt. Es waren alte Bäume, tief im Erdreich der Insel verwurzelt und höher als alle Bäume, die ich in Thailand je gesehen hatte. Die Stämme waren so dick, dass ich sie mit beiden Armen nicht umfassen konnte.

In der Nacht darauf schlief ich in meinem Moskitozelt. Drinnen stand die Luft; ich hatte die Fenster wegen des starken Regens herunterklappen müssen. Der Monsun trommelte auf das Zeltdach, es donnerte. Da mischte sich ein gewaltiges Knarzen in die Geräusche dieser Nacht. Es krachte, splitterte, barst. Der Lärm schwoll an, hielt abrupt inne – und wurde gefolgt von einem dumpfen Aufprall, der den Boden erzittern ließ.

Ich öffnete die Zelttür. Draußen war es stockfinster, ich konnte nichts erkennen. Die Lichter der Stadt waren zu weit entfernt. Minuten später erhellten Blitze die Szenerie. Ein Stück weit zum Ufer hin war einer der mächtigen Bäume umgestürzt.

Im Morgengrauen schaute ich ihn mir genauer an. Sein Stamm war geborsten, mit einem Mal hatte er keine Kraft mehr gehabt, die Äste und das vom Regen schwere Blätterdach zu tragen.

Vergänglichkeit … rund um mich war Vergänglichkeit.

Schon einmal hatten Bäume mich das gelehrt – damals, als der Laster mit den tropischen Baumstämmen ausgeschert war und ich nicht hatte ausweichen können.

Die gesamte Natur, so dachte ich, der Körper, Gedanken, Gefühle, Vorstellungen, unsere Welt, Sonne, Mond, das Universum, verändern sich unaufhaltsam, immerfort. Das einzig Dauerhafte ist die Veränderung selbst. Wie geht der Mensch weise damit um?

IM ZEICHEN DES STÄNDIGEN WANDELS

Wenn wir die Natur beobachten, werden wir Zeuge des ständigen Wandels, der ein Merkmal unseres Lebens ist. Betrachten Sie die Wolken am Himmel und welche Formen sie bilden. Sehen Sie, wie sie sich verändern? Der Rosenstrauch im Garten, der Rasen, über den Sie gehen, und selbst das Gebirge – alles verändert sich laufend. Auch wir Menschen unterliegen der Veränderung wie der Baum vor dem Haus und der Stern, den wir nachts am Himmel betrachten und der vielleicht schon verloschen ist, während sein Licht noch immer zu uns dringt.

Es ist nicht allein das Sichtbare, das sich ständig wandelt. Auch unsere Gedanken und Gefühle, unsere Vorstellungen und Überzeugungen verändern sich. In der Parabel vom Regen beschreibt Buddha die schweren Tropfen, die im Herbst auf Seen und Pfützen prasseln. Blasen entstehen auf der Oberfläche, sie bilden sich – und zerplatzen. Ebenso ist es mit unseren Stimmungen, unseren Gefühlen. Sie entstehen abhängig von unserer Innen- und Außenwelt und haben keinen festen Kern. Sie bilden sich immer wieder neu und vergehen in ständigem Wechsel. Immer neue Horizonte tun sich auf, und es ist kein Ende in Sicht, denn alles wandelt sich in einem fort.

Bewusst wird uns dies, wenn wir versuchen, ein Gefühl zu konservieren. Wie gern würden wir einen Moment des Glücks in ein Fläschchen füllen und immer wieder daran riechen, es tief in uns aufsaugen ... Doch das gelingt uns nicht. Der glücklichste Moment unseres bisherigen Lebens ist ebenso vergangen wie der traurigste. Wie sagt Faust bei Goethe? »Werd ich zum Augenblicke sagen: Verweile doch, du bist so schön!« Doch was würde geschehen, wenn der Augenblick wirklich verweilen würde?

Das Leben würde erstarren, nicht einmal der nächste Atemzug könnte getan werden.

Was genau aber ist der Augenblick? Was heißt es wirklich, in der Gegenwart zu leben?

Jeder einzelne Moment setzt sich aus einer ganzen Reihe von Blitzsekunden zusammen, in denen ungezählte Aktionen und Reaktionen ablaufen. Wenn nachts der Wind ein Fenster schlagen lässt, geschieht dies im Bruchteil einer Sekunde. Nehmen wir an, Sie waren gerade am Einschlafen. Das Geräusch breitet sich in Form von Schallwellen aus. Diese werden vom Ohr aufgefangen, weitergeleitet und von Ihrem Verstand in einen Kontext gebracht: Das Fenster schlägt. Schneller, als es in jedem Rechner möglich wäre, steigen nun Gedanken und Gefühle von Ihrer »Festplatte« hoch und werden vom Verstand verarbeitet. Je nachdem, welcher Gemütszustand in Ihnen vorherrscht, stehen Sie vielleicht auf und schließen das Fenster. Vielleicht hat das Geräusch Sie aber auch erschreckt. Angst steigt auf. »Da ist doch jemand!« Der Verstand verarbeitet automatisch eine Vorstellung, die zum Selbstläufer wird. In Ihrem Körper laufen die gleichen Reaktionen ab wie bei einer echten Bedrohung, und das Programm »Angriff«, »Verteidigung« oder »Flucht« übernimmt die Regie. Dies kann bis zur Panikattacke gehen. Und je öfter Sie mit Angst reagieren, desto mehr setzt diese Angst sich fest und desto schneller kann sie wieder ausgelöst werden.

Doch wo Angst herrscht, kann keine Klarheit herrschen. Der Verstand kann immer nur eins nach dem anderen verarbeiten, wie in einem Film, der sich aus lauter einzelnen Bildern zusammensetzt. Einen Film aber kann man anhalten – und genau hier setzt die Achtsamkeit an. Wer achtsam ist, nimmt das Geräusch als das wahr, was es ist: Schallwellen, die von außen als Sinnesreiz ans Ohr dringen. Er macht sich eine mentale Notiz (»hören«) und sorgt damit für Neutralität. Dieser kleine Moment der Neutralität reicht aus, um Klarheit einkehren zu lassen: »Der Wind lässt das Fenster schlagen.«

Erkennen Sie, welche Kraft die Achtsamkeit hat?

Sie verhindert, dass Sie sich in den Strudel der Vorstellungen hineinziehen lassen.

Was immer Sie erreichen möchten,
Achtsamkeit ist
das Werkzeug für inneres Wohlbefinden.

ACHTSAMKEIT ERFAHREN

Wenn Sie ein jagendes Tier beobachten, werden Sie Zeuge, wie das Tier einem Sinnesreiz folgt – es sieht oder hört die sich bewegende Beute oder nimmt Witterung auf – und wie ein automatischer Ablauf anschließend alle weiteren Aktionen bestimmt. Das Tier ist vollkommen auf seine Beute fokussiert. Es ist hoch konzentriert, mit allen Sinnen ganz im Hier und Jetzt und lässt unwillkürlich Bewegungen und Verhaltensmuster aufeinander folgen, die für seine Art typisch sind.

Auch als Menschen reagieren wir oft unbewusst auf einen Auslöser, doch wir haben die Möglichkeit, unsere Aktionen zu erkennen, indem wir achtsam beobachten, was in uns abläuft, und im Augenblick präsent sind, wenn automatische Abläufe die Herrschaft über uns übernehmen wollen.

Richten wir unseren Fokus noch einmal auf den Augenblick.

Wenn wir ganz achtsam sind, können wir ihn intensiv wahrnehmen. Probieren Sie es aus:

Nehmen Sie einen tiefen Atemzug und kosten Sie ihn ganz aus ... Riechen, schmecken, hören, spüren Sie den Luftstrom. Merken Sie, wie intensiv sich der Atemzug anfühlt?

Das ist die Macht des Augenblicks. Sie waren voller Achtsamkeit im Hier und Jetzt.

Doch damit sind Ihre Fähigkeiten noch nicht ausgeschöpft. Sie können beobachten, wie Sie atmen. Möchten Sie es gleich ausprobieren?

ÜBUNG: Zum Beobachter werden

➤ Setzen Sie sich bequem hin, schließen Sie die Augen und atmen Sie gleichmäßig. Nehmen Sie einen tiefen Atemzug und konzentrieren Sie sich mit all Ihren Sinnen darauf.

➤ Lassen Sie die Luft wieder ausströmen. Und mit dem nächsten Atemzug beobachten Sie, wie die Luft in Ihren Körper strömt, von der Nasenspitze hinunter in Ihre Bronchien, in die Lunge ... und wie sie wieder ausströmt.

➤ Beobachten Sie den Weg, den die Atemluft in Ihrem Körper zurücklegt ... seien Sie ganz achtsam dabei.

Ist es Ihnen gelungen, den Atem zu beobachten? Dann haben Sie für einen Moment erfahren, was Achtsamkeit ist.

Dieser Moment lässt sich ausdehnen, trainieren. Im vierten Kapitel werden Sie mit der Achtsamkeitsmeditation vertraut gemacht. Im fünften Kapitel lernen Sie Achtsamkeit in Ihr tägliches Leben einzuladen. Genau so schmieden Sie den Schlüssel zu Ihrer inneren Freiheit. In den Momenten, in denen Sie achtsam sind, werden Sie nicht automatisch von Ihren Gedanken hinweggetragen, und neue Möglichkeiten, mit sich und anderen umzugehen, tun sich auf. In diesem Augenblick machen Sie sich frei von Konditionierungen, von vergangenen Erfahrungen und Abhängigkeiten im Außen.

Buddha verglich den Zustand der Achtsamkeit mit dem Erklimmen eines Turmes. Von der erhöhten Warte aus hat der Praktizierende einen Überblick auf das Geschehen in seinem Verstand. Er ist mit seinen inneren Abläufen verbunden, stellt sie neutral fest, ist aber dennoch so weit losgelöst, dass er sich nicht von ihnen wegziehen lässt.

Bleiben wir der Achtsamkeit auf der Spur. Die nächste Übung beschäftigt sich mit dem »Wasser des Verlangens«. Sie beobachten dabei Ihren Speichelfluss.

ÜBUNG: Das Wasser des Verlangens

- Atmen Sie tief und konzentrieren Sie sich für einige Minuten auf den natürlichen Rhythmus des Hebens und Senkens der Bauchdecke. Nun richten Sie Ihre Aufmerksamkeit auf Ihren Mund. Fühlt er sich trocken oder feucht an? Spüren Sie den Speichel in Ihrem Mund?
- Beobachten Sie eine Weile, ob und wie der Speichel sich sammelt. Wenn Sie schlucken müssen, beobachten Sie das Schlucken.
- Sie können sich auch vorstellen, dass Sie in eine saftige Frucht beißen. Merken Sie, wie allein der Gedanke, die Vorstellung genügt, um Ihnen das Wasser im Munde zusammenlaufen zu lassen?
- Beobachten Sie den Speichelfluss. Wird er stärker?

Sie können auch Zeuge Ihrer Gedanken und Gefühle sein und sie beobachten. Was passiert gerade in Ihnen? Wie fühlt es sich an, wenn Sie provoziert werden? Wenn sich Ärger aufbaut? Wenn ein Gedanke Sie lähmt? Wenn Sie sich freuen? Wenn Liebe in Ihnen hochsteigt?

Achtsamkeit schafft inneres Wissen – angefangen mit einfachen körperlichen Vorgängen bis hin zu komplexen Abläufen. Je schärfer Ihre Achtsamkeit wird, desto tiefer ist das Wissen, das Sie erlangen können. Sie lernen die Dinge so zu sehen, wie sie wirklich sind.

VON DER KONZENTRATION ZUR ACHTSAMKEIT

Als ich nach meiner Ordination in den Tempel des Luang Phor Gong auf die Insel im Nong-Han-See gezogen war, widmete ich mich anfangs der *Samatha-* oder Konzentrationsmeditation, wie ich sie in einem buddhistischen Tempel in Singapur gelernt hatte.

Wenn ich einatmete, konzentrierte ich mich auf den Punkt der Berührung des Luftstroms an den Nasenlöchern. Wenn ich ausatmete, ebenso. Wann immer meine Gedanken abschweiften, konzentrierte ich mich wieder auf den Punkt der Berührung des Luftstroms.

Wenn die Gedanken mithilfe gestärkter Konzentration unterdrückt werden, erlebt der Meditierende ein Gefühl von Ruhe durch Versenkung. Gerade in unserer von Reizen überfluteten Welt kann die Konzentration auf ein einzelnes Objekt, wie den Atem oder auch eine Farbscheibe oder Kerzenflamme, eine innere Ausgewogenheit und eine Distanz zu den ständigen Anforderungen des Alltags schenken. Mit der Übung verbessert sich die Konzentration auch über die Meditation hinaus. Allerdings erfährt der Praktizierende nichts über die Natur der Gedanken und Gefühle, denn er beobachtet sie nicht, sondern richtet seine Konzentration augenblicklich wieder auf den Atem, wann immer er abzuschweifen beginnt.

In Singapur hatte ich fast täglich zu Hause meditiert. Dabei hatte ich gemerkt, wie schwer es mir fiel, den Verstand zu beruhigen. Sosehr ich mich auch bemühte, ständig kam er mit banalen Kommentaren daher, erinnerte mich an Termine, Besprechungen, Telefonate, so als wäre er ein aufdringlicher Sekretär, der sich nicht im Geringsten darum kümmerte, dass ich gerade nicht gestört werden wollte. An solchen Tagen gelang es mir einfach nicht, die Konzentration länger als für ein paar Minuten aufrechtzuerhalten. An guten Tagen konnte ich den Verstand beruhigen, die störenden Gedanken unterdrücken und mich tiefer versenken. Doch wenn ich die Meditation beendet hatte, flammten die Gedanken und Gefühle unvermindert wieder auf, als hätte ich nie zuvor praktiziert.

Dabei wünschte ich mir so sehr, die störenden Kommentare und Beurteilungen auszuschalten und stattdessen immer positiv und konstruktiv zu denken. Doch der Verstand funktioniert nun einmal nicht so. Es entspricht nicht seiner Natur, so zu arbeiten.

Als ich auf die Insel ging, hatte ich die Vorstellung, dass dort endlich Ruhe in meinem Verstand einkehren würde. Die meisten meiner Gedanken hatten schließlich um die Firma gekreist und alles, was damit zusammenhing. Inzwischen hatte ich die Firma abgegeben und hatte nur noch die Roben, das Moskitozelt, Slipper, Waschutensilien, einen Gaskocher und einen kleinen Vorrat an Instantnudeln zur Verfügung. Nichts, was mich ablenkte ... kein Meeting, kein neues Projekt, kein Telefonat ... Auch die Großstadt mit all ihrem Lärm und den ungezählten Eindrücken lag Tausende von Kilometern entfernt.

In den ersten Wochen auf der Insel meditierte ich über Stunden. Und was geschah?

Sie können es sich wahrscheinlich denken: Mein Verstand suchte sich Ersatzobjekte, um die er kreiste. Ameisen,

Moskitos, Blutegel, Echsen, Schlangen traten an die Stelle der Produktion, der Bilanzen, Verträge, Joint Ventures, die mich zuvor beschäftigt gehalten hatten. Hinzu kamen meine Erinnerungen. Materielles Loslassen war leicht gewesen im Vergleich zum mentalen Loslassen! Jetzt lernte ich, was Anhaftung im Denken bedeutet. Und war nicht in der Lage, irgendetwas dagegen zu unternehmen. Warum war das so? Was waren die Gedanken? Woher kamen sie? Und die Gefühle? Und die Vorstellungen?

Vielleicht haben Sie das selbst schon an sich beobachtet: Sie gönnen sich ein paar freie Tage und fahren in die Natur, um allen Ärger des täglichen Lebens hinter sich zu lassen, abzuschalten und aufzutanken. Während Sie auf den Berg steigen oder am Strand entlanggehen, kreisen Ihre Gedanken doch immer wieder um das, was Sie in den vergangenen Wochen gestört hat und worüber Sie sich geärgert haben. In den nächsten Tagen ändert sich der Fokus. Ihr Verstand hat neuen Input bekommen. Der Alltag daheim rückt in den Hintergrund. Doch das Entspannen fällt immer noch schwer. Jetzt regen Sie sich vielleicht über den Kellner im Restaurant auf, über das Zimmermädchen, das Zimmer selbst ... und beobachten zwanghaft die Gäste, die Ihnen auf die Nerven gehen.

Die Energie des unterschwelligen Ärgers ist noch immer bei Ihnen. Also sucht sich Ihr Verstand neue Objekte des Ärgernisses. Er hängt sich an die Dinge in Ihrer Umgebung und ganz besonders an solche, die er nicht mag und die das Ego kitzeln. Genau so, wie es bei mir geschah.

Wenn Sie im täglichen Leben zu aufgewühlt sind oder

Mühe haben, Ihre Gedanken zu zügeln, wird Ihnen der folgende Trick helfen:

ÜBUNG: Die Gedanken zur Ruhe kommen lassen

- Halten Sie den Atem an. Dies kann nach dem Einatmen oder nach dem Ausatmen geschehen. Wenn Sie den Impuls spüren weiterzuatmen, halten Sie die Luft noch ein wenig länger an, oder Sie warten mit dem Einatmen.
- Dies bringt den Verstand auf einer tieferen Ebene zur Ruhe. Atmen Sie dann wie gewohnt weiter und wiederholen Sie das Anhalten des Atems gegebenenfalls.
- Sie können diese kleine Übung im Alltag, aber auch im Rahmen der Meditation anwenden – immer dann, wenn Sie den Verstand beruhigen wollen.

Auf der Suche nach einem Weg, mehr über meine Gedanken und Gefühle zu erfahren, las ich das einzige Buch, das ich auf der Insel bei mir hatte. Es war von Ajahn Chah, einem hoch angesehenen buddhistischen Lehrer in der Waldmönch-Tradition, und handelte von der Übung der Achtsamkeit. Die Essenz der ganzen Disziplin, so Ajahn Chah, ist das Betrachten unserer Absicht, die Untersuchung des menschlichen Seins, mit allem, was es beinhaltet.

Aus diesem Buch erfuhr ich auch von Buddhas Meditationsweg. Als der Buddha sich, wie es hieß, eines Tages unter den Bodhi-Baum setzte und sich schwor, nicht wieder aufzustehen, bis er die Erleuchtung erlangt hätte, praktizierte er wie zuvor die Konzentrationsmeditation. Er empfand sie als unzureichend, da sie ihm keine wahre Einsicht in die Phänomene des menschlichen Seins sowie der Welt um ihn herum schenkte.

Von seiner schon gestärkten Konzentration unterstützt, begann er, alles, was in seinem menschlichen Sein auftauchte, so zu betrachten, wie es war. Er übte Achtsamkeit und schuf dabei die *Vipassana*-Meditation. Das Wort *Vipassana* stammt aus dem Pali und bedeutet »Einsicht«. Gemeint ist die Einsicht in uns selbst und unsere wahre Natur. Die *Vipassana*- oder Achtsamkeitsmeditation dient als Übung, um auf den Grund der Dinge zu sehen und die wahre Natur ihres Wesens zu erkennen.

Statt einer Vorstellung anzuhängen, wie der Verstand sie sich naturgemäß von den Dingen macht, beobachtet der Meditierende. »Wenn der Verstand wandert, weiß er (der Praktizierende), der Verstand wandert«, beschrieb der Buddha den Zustand während der *Vipassana*. Die Achtsamkeit wird hierbei auf die Vorgänge des Verstandes und des Körpers gerichtet, wie die körperlichen Funktionen, den Atem, die Gedanken, Sinnesempfindungen und Gefühle.

Auch ein Gedanke hat keine feste Struktur. Er setzt sich aus unzähligen Einzelgedanken zusammen, die allesamt entstehen und wieder verebben, von unserem Verstand aber zu einer Sequenz zusammengesetzt werden.

Schließlich erlangte Buddha die Erleuchtung – aus sich heraus, ohne einen Lehrer oder Meister, wofür er seither in Asien und von Praktizierenden auf der ganzen Welt hoch verehrt wird. Dennoch ist die Methode der Achtsamkeitsmeditation nicht an den Buddhismus gebunden. Der Buddha wird verehrt, aber nicht angebetet. Seine Lehre ist weniger eine Religion als vielmehr eine Lebensschule, in der ein jeder aus sich heraus inneres Glück und Wohlbefinden verwirklichen kann, wenn er die Achtsamkeit in sich etabliert. Zugleich erhält jeder, der wirklich praktiziert, eine tiefe Einsicht in die Eigenschaften des menschlichen Seins. Er erkennt sich selbst und damit auch die anderen.

Als ich Ajahn Chahs Worte las, begann ich zu begreifen: Wenn ich meine Gedanken beobachtete, statt sie zu unterdrücken, würde ich vielleicht etwas über ihre Natur und ihre Entstehung erfahren. Vielleicht würde ich dann endlich begreifen, warum mein Verstand so arbeitete, wie er es tat. Wohin mich das bringen würde, ahnte ich zu diesem Zeitpunkt nicht. Doch ein Weg hatte sich aufgetan. Ich folgte der Lehre der Achtsamkeit und wurde zum neutralen Beobachter. Ich versuchte festzustellen, was gerade in mir und um mich herum vor sich ging, ohne es zu beurteilen und ohne mich von den Dingen davontragen zu lassen.

Dabei folgte ich der Tradition der Waldmönche, in der Abgeschiedenheit zu innerer Einsicht zu gelangen.

Buddha hatte seinen Schülern größtmögliche Freiheit mit auf den Weg gegeben. Er wurde nie müde zu betonen, wie wichtig es ist, alle Lehren, alle Methoden für sich zu überprüfen und nicht blind zu übernehmen. Im Zentrum seiner Lehre steht die Achtsamkeit. Sie wird auf alle Vorgänge im Verstand und im Körper gerichtet – so wie sie gerade auftreten und ohne sie zu beeinflussen.

Im Laufe der Zeit änderte ich die Methode des Ajahn Chah ab. Ich begann damit, jede Regung des Verstandes und der Gefühle, die ich feststellte, zu benennen. Wann immer ein Gedanke auftauchte und ich mir dessen bewusst war, machte ich eine mentale Notiz: »Denken, denken, denken.«

Später erfuhr ich, dass auch andere Vipassana-Schulen mit der Technik des Benennens arbeiten. Mit der mentalen Notiz reduzierte ich alle Regungen des Verstandes auf »denken« und die meiner Gefühle auf »fühlen«. Denn das Abschweifen, das Fantasieren, das Nachsinnen, das Überlegen sind in ihrer Essenz nichts anderes als Gedanken – so wie Freude, Glück, Ärger, Heiterkeit in ihrer Essenz Gefühle sind. Die Sinneswahrnehmungen sprach ich direkt an, denn die Wahrnehmung eines Sinnesreizes unterscheidet sich von Gedanken und Gefühlen und dient häufig als Auslöser für diese, wie Sie in Kapitel 4 selbst noch sehen werden.

Als ich Jahre später beschloss, meine Erfahrungen an andere Praktizierende weiterzugeben, stellte ich fest, dass diese Art der Übung den Menschen einen schnellen Zugang zur Achtsamkeit ermöglicht. In Anlehnung an das Pali-Wort *Vipassana,* »Einsicht« (engl. *insight*), nenne ich die Methode *Insight Mind Focusing*. Im nächsten Kapitel lade ich Sie ein, sich damit vertraut zu machen.

Als Menschen sind wir sehr privilegiert, denn außer dem Verstand steht uns mit der Achtsamkeit eine Kraft zur Verfügung, die uns in die Lage versetzt, mit allen Situationen des Lebens umzugehen, zu erkennen, was von außen auf uns einwirkt, und uns nicht länger blind davon vereinnahmen zu lassen. Achtsamkeit ist ein Zustand unseres Bewusstseins, der uns zudem erlaubt, auf die brachliegenden Teile unseres Potenzials zuzugreifen.

Eben weil Achtsamkeit eine Grundenergie des Menschen ist, ist sie in jedem von uns präsent: *Wir müssen unserem Leben nichts Neues hinzufügen, die Achtsamkeit ist bereits in uns. Wir müssen sie nur verstärken.*

Doch Theorie und Praxis sind zweierlei. Wenn wir die Achtsamkeit als Werkzeug zum Selbstmanagement nutzen und unser wahres Selbst erschließen möchten, müssen wir sie auch üben und anwenden.

Ein Funke Achtsamkeit ist nicht genug, um das Feuer des klaren Bewusstseins dauerhaft zu entfachen.

In unserer Gesellschaft sind wir darauf programmiert zu glauben, dass etwas im Außen uns glücklich machen kann, sei es nun ein Konsumprodukt, der richtige Partner oder eine Instanz, die dafür sorgt, dass alles unseren Vorstellungen gemäß abläuft.

Wenn wir uns von diesen äußeren Einflüssen nicht beirren lassen und weiter daran arbeiten, Achtsamkeit in uns zu etablieren, wird sich unser Leben tiefgreifend verändern. Dann erlangen wir ein wirkliches Verständnis unserer eigenen Natur und lernen damit auch andere zu begreifen. Wir lassen uns nicht so leicht in die Fantasien unseres Verstandes oder anderer Menschen hineinziehen und haben dank der Achtsamkeit selbst in brenzligen Situationen die Möglichkeit, angemessen zu reagieren. Wir leben in der Gegenwart und nutzen die Kraft des Augenblicks auf unserem Weg durchs Leben.

Achtsam sein heißt, Zeuge zu sein, wie Gedanken, Gefühle und Vorstellungen entstehen, zu erkennen, was sie bedeuten, statt uns blind von ihnen beeinflussen zu lassen. Dann spüren wir, wie Funken des wahren Glücks zu uns herüberwehen und uns in der Tiefe berühren. Achtsamkeit kann die Welt verändern – die Welt in uns und, weil wir zu jeder Zeit im energetischen Austausch mit unserem Umfeld stehen, auch die Welt um uns herum.

BUDDHAS GLEICHNIS VOM KUHHIRTEN

Wenn auf den Feldern die reifen Ähren sich beugen und die Zeit der Ernte naht, hat der Kuhhirte viel zu tun. Er muss gut auf die Kühe achten, sodass sie nicht durch die reifen Getreidefelder stapfen, das Korn niedertrampeln und alles kahlfressen. Wenn aber die Ernte erst eingebracht ist, kann sich der Hirte unter einen Baum setzen, zurücklehnen und die Kühe umherstreunen lassen, während er sie aus der Ferne achtsam beaufsichtigt.

Es ist die Position des neutralen Beobachters, den wir beim Üben einnehmen. Wir lassen uns nicht in den Ablauf der Gedanken, Gefühle und Sinneswahrnehmungen hineinziehen, sondern bleiben distanziert und voller Achtsamkeit.

KAPITEL 4

DIE PRAXIS DER ACHTSAMKEIT – INSIGHT MIND FOCUSING

Um einen Berg abzutragen, der uns die Sicht versperrt, müssen wir anfangen zu schaufeln. Jede volle Schaufel, und sei sie auch noch so klein, hilft, den Berg zu verkleinern. Und je niedriger der Berg wird, desto weiter können wir schauen. Der Berg, das sind unsere Gewohnheiten, die sich durch stetige Wiederholung vor uns aufgetürmt haben und unsere Sichtweite einschränken. Arbeiten wir also mit der Schaufel der Achtsamkeit am Berg der Gewohnheiten und vergessen wir nicht: Das Abtragen des Berges, mag er auch noch so groß erscheinen, beginnt mit der ersten Schaufel.

HAN SHAN

Heiß brannte die Sonne durch die Lücken im Blätterdach. In der Luft lag der Geruch verdorrten Grases. Der Schweiß lief mir in Strömen herab, längst war die Robe feucht und kratzte auf der Haut. Wie viele Stunden saß ich schon hier, unter dem Baum? Ich wusste es nicht. Gab es Zeit überhaupt?

Im Morgengrauen hatte ich mich niedergesetzt, um zu meditieren. Dieses Mal, so hatte ich beschlossen, würde ich die Methode des Ajahn Chah anwenden. Was immer in meinen Gedanken und Gefühlen auftauchte, ich würde es beobachten, statt es zu verdrängen.

Leicht war das nicht. Immer wieder schweifte ich ab.

Auf ein Neues!

Ich beobachtete den Atem. Das ging gut, sagte ich mir. »Denken ...« Wo war der Gedanke hergekommen? Schon wieder: »Denken ...« Mein Verstand war ja das reinste Tollhaus. Ständig tauchte scheinbar aus dem Nirgendwo ein Gedankenfetzen auf ... Es sirrte. Hoch und fein, aber so laut, dicht an meinem Ohr ... »Hören!« Ich bekam ein mulmiges Gefühl. Dieses Insekt, das da so dicht um mein Ohr kreiste ... was, wenn es hineinkroch? Tief hineinkroch?

Nicht in den Netzen des Verstandes verfangen, mahnte ich mich ... »Denken ... fühlen ...«

Ein Schweißtropfen, der an meiner Schläfe herabrann. »Fühlen ...«

Für einen Moment war da Achtsamkeit. So also fühlte sie sich an, so klar ... Doch wie konnte ich sie ausdehnen? Was ... »Denken!«

INSIGHT MIND FOCUSING

Insight Mind Focusing ist eine Form des Achtsamkeitstrainings, das auf der klassischen *Vipassana*-Meditation aufbaut. Während des Trainings wird die Achtsamkeit nach innen gerichtet, um die Vorgänge in Ihnen zu erfassen und im Moment der Entstehung von Gedanken und Gefühlen dabei zu sein. Sie erlangen Einsicht in sich selbst, die Art Ihrer Gedanken und Gefühle, in Ihre Vorstellungen, Konditionierungen und Glaubenssätze, Ihre Urteile, die Ihr wahres Selbst überlagern. Auf diese Weise erarbeiten Sie sich wirkliches Wissen und erkennen das Potenzial, das sich noch in Ihnen verbirgt.

Insight Mind Focusing basiert auf den vier Grundlagen der Achtsamkeit, die alles beinhalten, was uns als Menschen eigen ist.

1. Der Körper
2. Die Grundstimmung (der unterliegende Gemütszustand)
3. Die Gefühle
4. Die Gedanken und Sinneswahrnehmungen

Wenn die Übungen der vorigen Kapitel Sie neugierig gemacht haben und Sie spüren, dass Sie in Ihrem Leben etwas verändern wollen, möchten auch Sie vielleicht die

Kraft der Achtsamkeit in sich freilegen. Erinnern Sie sich: Sie tragen – wie alle Menschen – die Fähigkeit, achtsam zu sein, bereits in sich. Sie müssen Sie nur entdecken, trainieren und verstärken.

Zu Beginn werden Sie mit den einzelnen Schritten des Insight Mind Focusing vertraut gemacht. Sie beinhalten einen Wechsel von Konzentration und Achtsamkeit. Dies hat einen einfachen Grund: Achtsamkeitstraining kann gerade am Anfang ein wenig anstrengend sein. Sie verlieren sich schnell in dem Strom der Gedanken, Gefühle und Sinneswahrnehmungen. Mithilfe der Konzentration auf das Heben und Senken der Bauchdecke beim Atmen können Sie die Gedanken wieder für eine Weile unterdrücken und somit einen neuen Anfang ermöglichen. So wie Sie ein galoppierendes Pferd anhalten müssen, um in den Sattel zu steigen. Kehren Sie also zur Konzentration zurück, wenn Sie merken, dass Sie sich gedanklich verloren haben. Die Konzentration beruhigt, und Sie finden so wieder leichter in den Zustand der Achtsamkeit hinein.

WIE MEDITIERE ICH?

Suchen Sie sich einen Platz, wo Sie bequem sitzen können – im Fersen- oder Schneidersitz auf einem Meditationskissen oder auf einem Stuhl. Es ist nicht Ihre Körperhaltung, die Achtsamkeit in Ihnen erzeugt. Es geht sehr viel mehr darum wahrzunehmen, wie Sie sitzen, als sich in eine vorgeschriebene Position zu zwängen. Um eine gleichmäßige Atmung zu ermöglichen, sollten Sie allerdings aufrecht sitzen. Wenn

Ihnen das Sitzen zu anstrengend ist, können Sie die Übung auch im Liegen probieren.

Nehmen Sie sich für jeden einzelnen Übungsschritt 20 Minuten Zeit, in der Sie möglichst nicht gestört werden. Dann schließen Sie die Augen und fangen an.

Im Anschluss an jede Übungseinheit reservieren Sie ein wenig Zeit für eine Betrachtung Ihrer Erlebnisse und Erfahrungen. Durch die Achtsamkeitsübung ruhen Sie in Ihrer Mitte und beobachten die Dinge sozusagen von einer höheren Warte aus. Diese Phase der Kontemplation ist wie eine Bestandsaufnahme. Sie ist wichtig, um aus den Eindrücken, die während der Meditation entstehen, mögliche Erkenntnisse ziehen zu können.

Und nun lade ich Sie ein, mit dem Insight Mind Focusing zu beginnen.

DER KÖRPER

Unser Körper trägt uns durch dieses Leben. Er ist das wichtigste und einzige Vehikel, das wir haben. Wir müssen viel Zeit und Energie aufwenden, um ihn gesund zu erhalten, zu nähren, zu kleiden und zu schützen. Unser Körper ist anfällig, verwundbar, er kann schnell krank werden. Doch da er so wichtig für unsere Existenz ist, sollten wir achtsam mit ihm umgehen.

Was wissen wir eigentlich wirklich über unseren Körper und seine Funktionen? Wir sind es gewohnt, nach außen zu schauen. Meist sind uns die Nachrichten aus aller Welt vertrauter als unser eigener Körper. Doch wie geht es unserem Körper wirklich? Schauen Sie genau hin!

Wir sollten uns niemals nur auf angelerntes Wissen, Forschungsergebnisse und medizinische Tests verlassen, sondern selbst Verantwortung übernehmen und durch Einsicht, Innenschau wirkliches Wissen über unseren Körper erlangen.

Gehen Sie durch Achtsamkeit mit Ihrem Körper in Resonanz. Hören Sie auf ihn. Erkennen Sie, was er Ihnen mitteilt. Behandeln Sie ihn als wichtigen Teil Ihrer selbst. In Kapitel 2 haben Sie gelernt, sich mit dem Verstand zu unterhalten. Treten Sie nun mit dem Körper in einen Dialog, statt ihn für selbstverständlich zu halten und einfach nur zu benutzen. Achten Sie auf seine Signale, und zwar nicht erst dann, wenn er nicht mehr richtig funktioniert. Es ist keine Lösung, schnell eine Tablette zu nehmen und ihn dann wieder rennen zu lassen wie zuvor. Seien Sie sich bewusst, was es heißt, dass Sie nur diesen einen Körper haben. Halten Sie ihn bestmöglich instand, indem Sie ihm die gebührende Achtsamkeit schenken.

Beim ersten Schritt des Insight Mind Focusing lenken Sie die Achtsamkeit Punkt für Punkt auf Ihren Körper wie bei einem Scanning. Sie können sich auch einen Lichtstrahl vorstellen, der in Ihrem Körper von Punkt zu Punkt wandert. Ziel dieser Übung ist es, den Körper genau so zu spüren, wie er sich im Augenblick anfühlt. Sehr wahrscheinlich entspannt sich Ihr Körper, während Sie ihm Aufmerksamkeit schenken, denn dies ist eine natürliche Folge der Meditation. Arbeiten Sie jedoch nicht zusätzlich mit Suggestionen von

Wohlgefühl, Wärme, Schwere oder Ähnlichem, sondern lernen Sie, die Achtsamkeit auf immer kleinere Einheiten Ihres Körpers zu richten und diese immer feiner so wahrzunehmen, wie sie sind.

Übung Schritt 1: Achtsamkeit auf den Körper

➤ Setzen Sie sich bequem hin.

➤ Während Sie nun die Augen schließen, spüren Sie, wie Ober- und Unterlider sich berühren, wie sie aufeinanderliegen. Wie fühlen sich die Augen darunter an? Sind sie feucht oder trocken? Nehmen Sie die Augen genau wahr. Als Nächstes stellen Sie sich einen Kreis auf dem Kopf vor, auf der Schädeldecke – wie bei einem Scanning. Spüren Sie nun die Kopfhaut ... die Stirn, und wandern Sie weiter zum Nasenrücken und hinab bis zur Nasenspitze. Wenn Sie bei den Nasenlöchern angelangt sind, richten Sie Ihre Achtsamkeit auf die Berührung des Atems. Spüren Sie genau hin, an welcher Stelle der Nase die Luft in den Körper strömt. Der Atem ist das Elixier des Lebens ...

➤ Richten Sie die Achtsamkeit nun auf das linke Ohr ... das Ohrläppchen ... den Gehörgang. Spüren Sie, wo die Schallwellen auf das Ohr treffen. Dann nehmen Sie das andere Ohr auf die gleiche Weise wahr.

➤ Wandern Sie mit Ihrer Achtsamkeit zum Mund. Spüren Sie, wie die Lippen aufeinanderliegen, nehmen Sie die Berührungspunkte wahr. Und widmen Sie Ihre Achtsamkeit der Mundhöhle ... den Zähnen ... dem Speichel ... der Zunge.

➤ Spüren Sie nun das Kinn, den Hals und auch die Luftröhre, die Sie mithilfe des Atems gut fühlen können, sowie die Speiseröhre. Vielleicht müssen Sie schlucken? Dann können Sie die Speiseröhre besonders gut spüren. Fühlen Sie auch den Adamsapfel.

➤ Richten Sie die Achtsamkeit wieder auf den Hals, wandern Sie am Schlüsselbein entlang zur linken Schulter, hinab zum Oberarm, zum Ellbogengelenk, zum Unterarm ... und über das Handgelenk zur Hand ... zur Handfläche ... und weiter zu jedem einzelnen Finger, von der Wurzel bis zur Fingerspitze, zum Nagel und wieder langsam zurück zur Schulter. Und weiter geht es zur rechten Schulter ... Wandern Sie auch hier den Arm langsam hinab bis zu den Fingerspitzen und wieder zurück. Nehmen Sie sich Zeit zu spüren, wie sich Ihr Körper anfühlt. Wenn Sie wieder bei der rechten Schulter angelangt sind, wandern Sie hinab zum Brustkorb ... Richten Sie die Achtsamkeit auf die schützenden Rippen, die Lunge, das Herz, das unermüdlich arbeitet ... Lauschen Sie dem Herzschlag. Und gehen Sie weiter zum Magen, zum Darm, zum Unterleib ... Vielleicht beginnt es im Bauch zu rumoren, während Sie Ihre Achtsamkeit darauf lenken. Das kann besonders am Morgen geschehen und ist ein Zeichen dafür, dass die Kraft der Achtsamkeit die Verdauungsorgane weckt.

➤ Wandern Sie achtsam die Wirbelsäule entlang – von oben, wo der Kopf ruht, bis hinab zum Steißbein. Geben Sie sich die Gelegenheit, die einzelnen Wirbel und auch die Nervenaustrittspunkte zu spüren. Dann lenken Sie die Achtsamkeit vom linken Schulterblatt den Rücken hinunter zum Gesäß. Spüren Sie die Berührungspunkte mit der Unterlage, auf der Sie sitzen. Tun Sie das Gleiche auf der rechten Seite, vom Schulterblatt abwärts ... Spüren Sie auch die Hüftgelenke, und wandern Sie die Beine hinab, zuerst das linke und dann das rechte, vom Oberschenkel zum Knie, zum Schienbein, zur Wade ... zum Fußgelenk, zum Fußrücken ... Nehmen Sie einen Kreis um die Fußsohle wahr, und richten Sie die Achtsamkeit dann auf jeden einzelnen Zeh, vom Gelenk bis zum Nagel und wieder zurück. Spüren Sie den Boden unter den Füßen ... und dann wandern Sie wieder zurück, Punkt für Punkt, bis hinauf zum Kopf. So als würden Sie Ihren Körper wiederum ganz genau scannen.

➤ Muskeln, Nerven, der Blutfluss, der Atem, die Sinnesorgane ... spüren Sie in sie hinein, nehmen Sie sie wahr. Lassen Sie die Vorstellungen Ihres Verstandes hinter sich, und fühlen Sie Ihren Körper mithilfe der Achtsamkeit so, wie er ist.

➤ Lassen Sie sich Zeit auf Ihrer Reise und nehmen Sie auch die Regionen Ihres Körpers wahr, die Ihnen sonst nicht bewusst sind.

➤ Wo sind die Grenzen Ihres Körpers? Wie tief können Sie ihn fühlen? Welches sind die Problemzonen?

➤ Spüren Sie die Berührung der Kleidung, die Stellen, an denen die Arme am Körper anliegen oder aufliegen, die Hände ... und vielleicht auch die Stellen, wo die Beine sich berühren, je nachdem, wie Sie sitzen. Richten Sie die Achtsamkeit auf die Stellen, an denen Ihr Körper die Sitzunterlage und den Boden berührt.

➤ Lassen Sie sich Zeit ...

➤ Wann immer Sie gedanklich abdriften, konzentrieren Sie sich wieder auf die jeweilige Stelle Ihres Körpers, der

Sie zuvor Ihre Achtsamkeit geschenkt haben. Geben Sie nicht auf, auch wenn Ihr Verstand abschweift. Holen Sie ihn zurück, wie ein kleines Kind, das man an der Hand nimmt.

➤ Nachdem Sie wieder beim Kopf angelangt sind, nehmen Sie Ihren Körper als Ganzes wahr. Wie ist Ihre Haltung?

➤ Versuchen Sie nun, den Körper aus der Perspektive einer dritten Person zu betrachten ... wie ein neutraler Beobachter.

➤ Wenn die Achtsamkeit stärker wird, können Sie immer tiefer in Ihren Körper hineinschauen. Lernen Sie die vier Hauptelemente kennen, die dort wie im Universum präsent sind: festes Material (Knochen), Hitze – Wärme – Kälte (Temperatur), Bewegung (wie in den Blutbahnen), Luft – Äther (Atem).

➤ Anschließend können Sie auch die Subelemente wahrnehmen. Auch eine Zelle in unserem Körper setzt sich wie alles im Universum aus kleinen Teilchen zusammen. Reduzieren wir dies weiter, kommen wir zu den Grundbausteinen der Materie, den Protonen, Elektronen und Neutronen, die wiederum aus noch feineren Teilchen zusammengesetzt sind: Sternenstaub. Wir tragen alles in uns. Alles geht auf den gleichen Ursprung zurück. Dies ist der Grund, warum wir auch alles Wissen in uns tragen, von Anbeginn der Entstehung unseres Universums.

Ist es Ihnen leichtgefallen, Ihre Achtsamkeit auf den Körper zu richten? Oder haben Ihre Gedanken das Ruder übernommen und Sie von Ihrem Körper fortgelotst? Das ist ganz normal. Meist fällt es gerade zu Beginn des Achtsamkeitstrainings schwer, beim Körper zu bleiben. Lassen Sie sich davon nicht entmutigen. Je schärfer die Achtsamkeit wird, desto tiefere Erfahrungen können Sie aus dieser Übung mitnehmen.

Wie ist es Ihnen mit der Position des Beobachters ergangen?

Dieser Schritt fällt vielen Praktizierenden am Anfang schwer. Und doch ist es nichts als eine Sache der Übung, denn wir alle haben die Fähigkeit, uns selbst zu beobachten und uns gewahr zu sein, worauf wir unsere Achtsamkeit richten. Haben Sie Geduld mit sich und dem Verstand!

Die folgenden Fragen können Ihnen als Anregung zur Kontemplation dienen. Es geht nicht darum, angelerntes Wissen zu aktivieren oder sich etwas vorzustellen. Das wirkliche Wissen über sich selbst ist in Ihnen, und es offenbart sich schrittweise in der Meditation.

Wie fragil ist Ihr Körper?
Was braucht Ihr Körper zum Überleben?
Wie abhängig ist er von der Umgebung, den Temperaturen, dem Sauerstoffgemisch, das Sie einatmen?
Wo sind die Grenzen Ihres Körpers? Können Sie sie wahrnehmen?
Spüren Sie die schmerzenden Stellen mehr als die entspannten?
In welchen Bereichen fällt es Ihnen schwer, Ihren Körper wahrzunehmen? Warum ist das wohl so?
Befindet sich Ihr Körper im Gleichgewicht? Vertrauen Sie

auf Ihren Körper? Spüren Sie die Elemente, aus denen Ihr Körper sich zusammensetzt?

Woraus besteht Ihr Körper?

Spüren Sie, wie Ihr Körper sich laufend verändert? Mit jedem Atemzug? Wie er sich in Millionen Abläufen pro Sekunde ständig wandelt, auch wenn er scheinbar eine feste Form hat? Wie sich laufend alles bewegt, der Atem strömt, das Blut fließt?

Wenn Sie Ihren Besitz reduzieren würden, was brauchten Sie, um Ihren Körper zu erhalten? Was ist essenziell notwendig zum Überleben? Wie viel Zeit und Energie wenden Sie auf, um sich um Ihren Körper zu kümmern, ihm Nahrung zu beschaffen, ihn einzukleiden, zu schützen?

In welcher Hinsicht und in welchem Bereich können Sie sich noch besser um Ihren Körper kümmern?

Nutzen Sie das Werkzeug der Achtsamkeit, um mit Ihrem Körper in Dialog zu treten.

DIE GRUNDSTIMMUNG (DER UNTERLIEGENDE GEMÜTSZUSTAND)

Vielleicht kennen Sie das: Sie wachen morgens auf und fühlen sich nicht recht wohl in Ihrer Haut. Vielleicht sind Sie etwas gereizt, verärgert, missmutig. Aggressiv? Depressiv? Sie wissen nicht, woher dieses Gefühl stammt. Und doch tragen Sie es in den Tag. Diese Grundstimmung, die Sie in sich haben, beeinflusst Ihre Gedanken, Gefühle, aber auch Ihre Beziehung zu anderen Menschen. Wenn Sie beispielsweise unterschwellig aggressiv gestimmt sind, werden Sie automatisch ganz anders auf die Situationen des täglichen Lebens reagieren, als wenn Sie an diesem Tag fröhlich und ausgelassen wären. Jemand nimmt Ihnen im Straßenverkehr die Vorfahrt, schlägt Ihnen die Tür vor der Nase zu, drängelt sich vor Sie, setzt sich auf Ihren Platz … Was tun Sie, wie antworten Sie darauf?

Alle diese Dinge passieren uns ständig, doch *wie* wir darauf reagieren, hat etwas mit unserer Grundstimmung zu tun. Wie bei einem Volleyball-Match schlagen wir den Ball zurück und wissen gar nicht, was wir damit in anderen auslösen, zumal uns unsere Stimmung meist nicht einmal bewusst ist.

Häufig begleitet Sie die jeweilige Grundstimmung eine ganze Weile und hat während einer ganzen Phase Ihres Lebens einen nicht zu unterschätzenden Einfluss auf Ihr Wohlbefinden.

Nach dem Gesetz von Ursache und Wirkung kommt alles, was Sie in die Welt hinaustragen, in irgendeiner Form zu Ihnen zurück. Wenn Ihnen jemand die Vorfahrt nimmt und Sie die Lichthupe einsetzen, schimpfen, aufs Gaspedal treten und es demjenigen zeigen wollen, lösen Sie auch in anderen Autofahrern Aggressionen aus. Dabei wissen Sie ja gar nicht, warum Ihnen die Vorfahrt genommen wurde. Mit ziemlicher Sicherheit hatte das keine persönlichen Gründe. Der andere folgt, so wie Sie und jeder andere auch, lediglich seiner Grundstimmung, ohne sich darüber im Klaren zu sein.

Vielen Menschen fällt es nicht leicht, ihre Grundstimmung festzustellen. Gewöhnlich wird sie überlagert von zahlreichen Dingen, die einen im Augenblick beeinflussen, wie zum Beispiel körperlichen Empfindungen, Verspannung oder Schmerz, aktuellen Gefühle und Erinnerungen, Sinneswahrnehmungen und unseren Reaktionen darauf, Gefühlen, die wir mit anderen Menschen und unserem Umfeld verbinden, allgemeinen Sorgen oder Freude und vielem mehr.

Vielleicht haben Sie sich noch nie zuvor Gedanken darüber gemacht, welcher Gemütszustand Sie den Tag über begleitet.

Stellen Sie sich ein Aquarium vor. Die bunten Fische sind wie die offensichtlichen Gedanken und Gefühle. Schauen Sie intensiver in das Wasser. Man muss genauer hinsehen, um es zu erkennen, und wird beim Schauen immer wieder abgelenkt. Genauso verhält es sich auch mit dem unterliegenden Gemütszustand.

Übung Schritt 2: Achtsamkeit auf die Grundstimmung

➤ Setzen Sie sich bequem hin und schließen Sie die Augen.

➤ Betrachten Sie die Gefühle, die Sie zum Zeitpunkt der Übung bewegen. Werten Sie diese Gefühle nicht, sehen Sie sie einfach so, wie sie sind. Vielleicht sind Sie erschöpft, unruhig, erwartungsvoll, unsicher ... Wie auch immer Sie sich fühlen, nehmen Sie es einfach wahr, wie es ist.

➤ Unter den momentanen Gefühlen, die Sie bewegen, liegt Ihre Grundstimmung. Suchen Sie nach ihr, folgen Sie der Spur Ihrer Gefühle zu dem unterliegenden Gemütszustand.

➤ Spüren Sie genau hin. Welche Stimmung begleitet Sie in den Tag?

➤ Lassen Sie sich Zeit.

➤ Sobald Sie Ihre Grundstimmung erkannt haben, benennen Sie die Art der Grundstimmung in Ihren eigenen Worten. Machen Sie eine mentale Notiz und wiederholen Sie diese dreimal hintereinander.

➤ Öffnen Sie die Augen und atmen Sie tief durch.

Die Übung ist ein hervorragendes Mittel, um sich selbst besser zu verstehen und kennenzulernen.

Tragen Sie diese Grundstimmung bereits beim Aufwachen in sich? Ändert sie sich bis zum Abend?
Was sorgt dafür, dass sie sich ändert?

Nehmen Sie sich ein wenig Zeit, um über diese Fragen nachzudenken.

Wie wir bereits gesehen haben, begleitet uns die Grundstimmung durch den ganzen Tag und zieht demzufolge zahlreiche Reaktionen nach sich. Seien Sie ganz ehrlich zu sich selbst, wenn Sie die Grundstimmung benennen. Nur dann können Sie wirklich einen Nutzen aus dieser Übung ziehen und verstehen, warum Ihnen manche Dinge immer widerfahren, Sie bestimmte Menschen anziehen und was der Tag in welcher Weise für Sie bereithält.

Ihre Grundstimmung ist eine Energiekombination, die unter Ihren flüchtigen Gefühlen liegt. Es geht nicht darum, sie als positiv oder negativ einzuordnen. Es geht nur darum zu erkennen, welcher Art die Grundstimmung ist, damit Sie sich Ihrer eigenen Verfassung bewusster werden.

Wie alle anderen Gefühle ist auch die Grundstimmung veränderlich. Die energetische Kombination, die sich in Ihnen aufgebaut hat, wird durch Ihre Erfahrungen beeinflusst. Wenn Sie sich in Achtsamkeit üben, bekommen Sie Zugang zu Ihrer Grundstimmung und haben damit die Möglichkeit, Ihre tatsächliche Lebenseinstellung zu erkennen.

Werten Sie Ihre Grundstimmung nicht. Betrachten Sie sie einfach, wie sie ist, denn nur so können Sie sich ihrer bewusst werden und Ihr mögliches Potenzial erkennen. Alles ist in Ihnen. Sie müssen nur anfangen, an sich zu arbeiten, um es wahrzunehmen.

DER ATEM

Zur Vorbereitung auf den dritten und vierten Übungsschritt konzentrieren wir uns auf das Heben und Senken der Bauchdecke im Rhythmus des Atems. Wie Sie in Schritt 1, Achtsamkeit auf den Körper, vielleicht schon festgestellt haben, ist der Verstand ein großes Hindernis auf dem Weg zur Achtsamkeit. Wenn die Gedanken zu sehr schweifen, ist die Konzentration auf den Atem ein hervorragendes Hilfsmittel, um einen Anker zu setzen und den Verstand zu beruhigen.

ÜBUNG: Konzentration auf das Atmen

➤ Atmen Sie tief ein uns aus und schließen Sie die Augen. Finden Sie in Ihren eigenen Rhythmus, ohne Ihren Atem beeinflussen zu wollen. Spüren Sie, wie sich Ihre Bauchdecke hebt und senkt.

➤ Vielleicht sind Ihre Atemzüge anfangs noch weniger tief, dann lassen Sie sich Zeit, bis Sie das Heben und Senken deutlich wahrnehmen.

➤ Verfolgen Sie die Bewegung Ihrer Bauchdecke. Machen Sie eine mentale Notiz: »Heben – senken, heben – senken ...«

➤ Wann immer Ihre Gedanken abschweifen, kehren Sie zur Beobachtung des Hebens und Senkens der Bauchdecke zurück und konzentrieren sich aufs Neue. Nehmen Sie sich dafür 10 Minuten Zeit.

Konnten Sie den Atem tief im Bauch wahrnehmen? War dies ein angenehmes, beruhigendes Gefühl für Sie?

Das Heben und Senken der Bauchdecke ist eine starke Bewegung und ein mächtiger Anker, wie Sie in den Übungen des zweiten Kapitels bereits erfahren haben. Aus diesem Grund ist die tiefe Bauchatmung meist besser für die Achtsamkeitsmeditation geeignet. Sie können während der Achtsamkeitsübung wieder leicht zu diesem Anker zurückfinden, sollten Sie sich im Strom der verstandesmäßigen Vorgänge verloren haben. Wenn Sie diesen Anker immer wieder benutzen, steht Ihnen im täglichen Leben ein wichtiges Mittel zur Verfügung, mit dessen Hilfe Sie sich auch in schwierigen Situationen konzentrieren und bei sich bleiben können.

Vielleicht möchten Sie über den Atem kontemplieren:
Welchen Rhythmus hat Ihr Atem?
Wie tief atmen Sie in verschiedenen Situationen und Stimmungen?

Solange wir leben, atmen wir. Mit jedem Atemzug verbinden wir uns mit unserer Umgebung. Und: Mit jedem Atemzug verändern wir uns, auch wenn wir den Eindruck haben, konstant zu bleiben.

Die Achtsamkeitsmeditation schenkt uns Einsicht in die Veränderungen, die sich in rasender Geschwindigkeit in uns vollziehen. Sie erschließt das Wissen über unser wahres Selbst durch unmittelbare Erfahrung.

DIE MENTALE NOTIZ

Im Insight Mind Focusing wenden Sie die mentale Notiz oder Technik des Benennens an. Sie ist Bestandteil der *Vipassana*-Praxis, mit der Sie in den folgenden Übungsschritten vertraut werden. Wann immer ein Gedanke, ein Gefühl oder eine Sinneswahrnehmung auftauchen, stellen Sie dies fest, machen Sie eine mentale Notiz und wiederholen diese dreimal: »Denken, denken, denken« oder »Fühlen, fühlen, fühlen«, »Riechen, riechen, riechen«, »Hören, hören, hören«, »Schmecken, schmecken, schmecken«, »Sehen, sehen, sehen«. Nur die Grundstimmung sprechen Sie direkt an, denn dies hilft Ihnen zu erkennen, durch welche Art von Gemütszustand Ihre Wahrnehmungen beeinflusst werden, was Sie aussenden und was infolgedessen zu Ihnen zurückkommt.

Das neutrale Benennen Ihrer Gedanken und Gefühle bestärkt Sie in dem Bemühen, diese urteilsfrei zu betrachten und eine gesunde Distanz dazu zu wahren, statt sich von ihnen vereinnahmen zu lassen. Es ist, als würden Sie einen Turm erklimmen und hinabschauen, losgelöst, aber nicht getrennt von den Abläufen in Ihrem Bewusstsein.

Mit dem Benennen des Gefühls sorgen Sie für einen Augenblick der Neutralität. In dieser Sekunde kann der Verstand nichts positiv oder negativ aufbauschen. Statt sich also beispielsweise zu ärgern und diesen Ärger ungebremst rauszulassen, stellen Sie neutral fest, dass Sie fühlen. Und während Sie mental »fühlen, fühlen, fühlen« notieren, verliert die Energie des Ärgers seine Macht über Sie. Sie erkennen ihn als Gefühl an, verdrängen ihn also nicht, lassen sich aber auch nicht von ihm einspannen, um Dinge zu tun, die Sie vielleicht später bereuen. Sie lassen ihn los und ersetzen ihn durch neutrale Energie.

Achten Sie auf Ihren Verstand. Er verarbeitet die Gedanken und Gefühle. Sie werden zu Worten und Taten und lassen sich nicht mehr zurücknehmen! Sie sind Vergangenheit und wurden ein Teil von Ihnen.

Mit der neutralen mentalen Notiz bekommt der Verstand einen anderen Input. Damit verändert sich auch der Output: neutrale Energie, welche die Eigenschaft hat, nicht mehr zu werten, setzt sich fest. Jedes Mal, wenn Sie eine neutrale mentale Notiz machen, bereichern Sie damit Ihre Festplatte mit neutraler Energie. Die Konfiguration der Festplatte ändert sich und somit Ihre Konditionierungen.

Durch die Veränderung der Konditionierungen gelangen auch andere Arten von Gedanken und Gefühlen zur Verarbeitung in den Verstand. Sie lösen sich langsam von den alten Mustern auf der Festplatte und erschließen somit neues Potenzial in Ihnen, das frei ist von alten Mustern und Wertungen.

Erkennen Sie den Nutzen der mentalen Notiz?

Sie können sie jederzeit im Alltag anwenden (siehe Kapitel 7). Kummer, Wut, Abneigung, Hass, Enttäuschung, Rachegedanken, Verlangen, unüberlegte Handlungen, Illusionen, Wünsche – sie alle ziehen gewöhnlich eine ganze Kette an Aktionen und Reaktionen nach sich. Bedenken Sie sie mit einer mentalen Notiz. Der Ansatzpunkt ist immer der Moment der Achtsamkeit.

Weil die verarbeitende Tätigkeit des Verstandes ständig und völlig automatisch abläuft, ist es uns unmöglich, Einfluss auf die blitzschnell hochsteigenden einzelnen Gedanken und Gefühle zu nehmen. Sehr wohl aber können wir durch die neutrale mentale Notiz Einfluss auf unsere Festplattenkonfiguration ausüben, welche die Art unserer Gedanken und Gefühle bestimmt.

DIE GEFÜHLE

Unsere Gefühle haben einen großen Einfluss auf unsere Lebensqualität. Wir nehmen viel auf uns, um uns geborgen und geliebt zu fühlen und Freude am Leben zu haben. Dabei orientieren wir uns meist an Äußerem, an Menschen, Tieren und Dingen.

Wie oft haben Sie etwas gekauft, um sich selbst oder anderen eine Freude zu machen? Und wie lange hält dieses Gefühl an? Oft verwandelt sich ein Objekt der Freude binnen eines Augenblicks in ein Objekt des Ärgernisses. Ein Computer, der nicht funktioniert, ein Kratzer am Auto, die neidische Bemerkung eines anderen können uns die Freude, die wir eben noch empfunden haben, gründlich verderben.

Wenn wir uns auf den Weg der Achtsamkeit begeben, erkennen wir, dass jedes Gefühl – auch die Freude – vergänglich ist. Vielleicht haben Sie den Eindruck, dass manche Ihrer Gefühle zwar flüchtig sind wie ein Windhauch, andere aber Bestand haben, vielleicht sogar ein Leben lang. Doch dies ist nur eine Vorstellung Ihres Verstandes, die zusammen mit Ihrem Wunsch nach Sicherheit den Eindruck von Beständigkeit erweckt.

Gefühle, die von anderen Lebewesen oder Dingen abhängig sind, können in unserer Welt, in der sich ständig alles wandelt, gar nicht dauerhaft sein. Das heißt nicht, dass wir uns nicht länger freuen sollen. Achtsam sein bedeutet nicht, keine Freude mehr zuzulassen, sondern sie vielmehr als solche anzuerkennen und das eigene Wohlbefinden nicht vom Vergehen der Freude abhängig zu machen.

Wann immer wir uns über etwas freuen, können wir dies

feststellen und mit einer mentalen Notiz bedenken: »Fühlen, fühlen, fühlen.« Dadurch empfinden wir die Freude, erkennen sie an – und lassen sie los. Wir machen uns frei von abhängigen Gefühlen und nähern uns damit dem inneren Glück, das weit tiefer ist, da es mit unserer klaren Bewusstseinsenergie in Verbindung steht.

Je mehr es Ihnen gelingt, Ihre Gefühle wahrzunehmen, desto mehr werden Sie feststellen, wie veränderlich und vergänglich Gefühle sind.

Gefühle haben auch eine große Macht über uns. Sie können sich so lange hochschaukeln und verstärken, bis sie uns beherrschen. Dann überschatten sie alle unsere Handlungen. Gefühle wie Ärger, Eifersucht, Gier, Neid, Hass und Feindseligkeit sind gute Beispiele für dieses Muster. Alle Menschen haben solche Gefühle, sie gehören zum Menschsein. Doch es geht nicht darum, dass wir sie haben, sondern wie wir mit ihnen umgehen.

Durch den achtsamen Umgang mit unseren Gefühlen bekommt unser Leben eine ganz andere Qualität, eine Klarheit, die wir vorher nur in wenigen Momenten wahrnehmen konnten. Diese Klarheit ist tiefer als alle Gefühle, die wir bis dahin kannten. Sie lässt sich nicht beschreiben, nur erfahren. Und während wir praktizieren, werfen wir oftmals für Sekundenbruchteile einen Blick auf diese Klarheit, der uns zeigt, dass wir uns auf dem Weg zu unserem wahren Potenzial befinden.

ÜBUNG: Schritt 3: Achtsamkeit auf die Gefühle

➤ Atmen Sie tief ein und aus. Konzentrieren Sie sich dabei auf das Heben und Senken Ihrer Bauchdecke. Verfolgen Sie die Bewegung so konzentriert, wie es Ihnen möglichist,und machen Sie eine mentale Notiz: »Heben – senken ...« Bleiben Sie konzentriert, solange Sie können. Wann immer Sie ein Gefühl wahrnehmen, das in Ihnen auftaucht, angenehm wie unangenehm, benennen Sie es neutral mit: »Fühlen, fühlen, fühlen.« Dies können auch körperliche Empfindungen sein.

➤ Wenn Sie einen Schmerz empfinden, können Sie ihn direkt ansprechen. Richten Sie Ihre Achtsamkeit auf den Schmerzpunkt und machen Sie eine mentale Notiz: »Schmerz, Schmerz, Schmerz.« Wiederholen Sie die mentale Notiz, solange Sie das jeweilige Schmerzgefühl empfinden.

➤ Wenn Ihr Verstand Sie davonträgt, nehmen Sie den Atem als Anker. Verfolgen Sie das Heben und Senken, bis Sie wieder ein Gefühl feststellen, das Sie neutral benennen.

Nehmen Sie sich Zeit für eine Kontemplation über die wahre Natur der Gefühle.

Was sind Gefühle?

Sind sie an Auslöser gebunden? An Sinneswahrnehmungen? Oder tragen wir sie in uns?

Warum können wir sie nicht steuern?

Können sie von Dauer sein? Ist es möglich, dass wir vor Trauer vergehen, nie wieder lachen, nie wieder glücklich sind? Nie wieder lieben? Oder sind unsere Gefühle ebenso vergänglich wie unsere Gedanken?

Was haben Sie wahrgenommen?

Denken Sie immer daran, alle Gefühle, die während der Meditation auftreten, mit »fühlen, fühlen, fühlen« zu benennen. Wenn Sie Glück empfinden und »Glück« statt »fühlen« notieren, werten Sie unbewusst. Bei dieser Übung geht es aber nicht darum, Gefühle in Kategorien einzuteilen, sondern sie so festzustellen, wie sie sind, und etwas über ihre Natur zu erfahren.

Sprechen Sie nur den Schmerz direkt an, wie in der Übung beschrieben. Es kann sein, dass Sie während der Meditationsübung einen Schmerz spüren, besonders, wenn die Sitzposition für Sie ungewohnt ist, oder weil Sie achtsamer mit Ihrem Körper umgehen und mögliche Schmerzen nicht verdrängen. Wenn Sie diesen Schmerz mental notieren, werden Sie häufig die Erfahrung machen, dass er kurzfristig verschwindet. Oft taucht er daraufhin wieder auf – ein Zeichen dafür, dass er eigentlich einen anderen energetischen Ursprung hat, der tiefer liegt und sich auf diese Weise in Ihrem Körper manifestiert.

Wiederholen Sie die mentale Notiz, wenn Sie den Schmerz erneut spüren. Das machen Sie so lange, bis er sich legt. Wenn Ihre Achtsamkeit schärfer wird, werden Sie die Erfahrung machen, dass selbst der Schmerz vergänglich sein kann und irgendwann keine Macht mehr über Sie hat.

Sollte der Schmerz allerdings überhandnehmen, weil die Sitzposition für Sie ungewohnt ist, so begeben Sie sich in eine andere Position. Tun Sie dies langsam und voller Achtsamkeit. Seien Sie sich bewusst, wie Sie sich bewegen und wie sich die Berührungspunkte Ihres Körpers verändern. Dann atmen Sie tief durch, verfolgen das Heben und Senken Ihrer Bauchdecke und fangen aufs Neue an zu üben.

Alles ist vergänglich. Auch die größten Glücksgefühle oder Enttäuschungen können nicht ein Leben lang andauern.

Viele Menschen wünschen sich, die als negativ empfundenen Gefühle (und Gedanken) loszuwerden, möchten aber die als positiv empfundenen Gefühle (und Gedanken) festhalten. Der Wunsch, glücklich zu sein, ist tief in uns verankert. Es wäre praktisch, wenn wir das, was uns stört, einfach ablegen und die angenehmen Gefühle auskosten könnten. Doch Gefühle sind Energiekombinationen, die zu uns als Menschen gehören. Wir können nicht die eine Kombination ablegen und die andere behalten, als handelte es sich um eine Kollektion, aus der wir frei wählen, was uns gefällt und was nicht.

Vielleicht sträubt sich etwas in Ihnen dagegen, harmonische Empfindungen mit einer neutralen mentalen Notiz zu versehen. Eben weil Sie auf das Gefühl nicht verzichten wollen.

Ein harmonischer Augenblick, den wir mit anderen Menschen oder auch allein in der Natur erleben, kann uns stark berühren. Vielleicht wünschen wir uns dann, immer von ihm zehren zu können. Doch wäre unser Leben nicht sehr viel intensiver, wenn wir den jetzigen Augenblick in all seiner Kraft erleben könnten? Wer sagt uns denn, dass nicht *jeder* einzelne Augenblick gleich kostbar sein kann – und zwar unabhängig davon, was außen ist, wer mit uns ist und in welcher Lage wir uns befinden? Könnte unser Leben nicht aus kostbaren Augenblicken bestehen, die sich aneinanderreihen wie Perlen an einer Schnur, jeder in sich vollendet?

Wenn man eine Freude loslässt, kann man die nächste wahrnehmen. Jeder Augenblick kann neue Freude bringen.

DER VERSTAND UND DIE SINNESWAHRNEHMUNGEN

Wie wir bereits erfahren haben, ruht unser Verstand niemals. Er ist der zentrale Verarbeiter. Wenn man den Verstand managen kann, kann man auch sein Selbst managen. Das Mittel dazu ist die Achtsamkeit.

Alles, was wir im Leben tun, wird von den Aktivitäten des Verstandes vorbereitet. Auch unsere Körpersprache ist Ausdruck unserer Verstandesaktivitäten. Er steuert die Bewegungen und kreiert sie aus dem, was sich in unserem energetischen Speicher befindet – auf unserer »Festplatte«. Die Konditionierungen, die uns seit Beginn unserer Existenz prägen und auf unserer Festplatte gespeichert sind, ähneln einem Betriebssystem, das dafür sorgt, was wie verarbeitet wird. Urteile, Wertungen, Gefühle, Gedanken. Die Wahrnehmungen durch unsere Sinnesorgane sind die Verbindung zur Außenwelt. Über sie werden Daten auf die Festplatte geladen, und das Betriebssystem gibt sie frei zur Verarbeitung durch den Verstand. Ob Sie einen Geruch mögen oder nicht, entscheidet nicht der Geruch selbst, sondern das Betriebssystem, sprich: Ihre Konditionierungen.

Der Verstand gibt vor, uns zu führen, aber in Wahrheit lebt er nur vom Input aus dem Betriebssystem. Er sortiert aus, was wir wahrnehmen, und ordnet es in Kategorien ein. *Was* wir sehen, hören, riechen, schmecken und über die Haut wahrnehmen, wird vom Betriebssystem – also von unseren Konditionierungen – entschieden und dann vom Verstand verarbeitet. Im täglichen Leben hören wir ein Geräusch und drehen automatisch den Kopf. Wir verhalten uns reflexhaft und sind uns unserer Aktionen, Reaktionen und meist auch der Reflexe selbst nicht einmal bewusst. Wie oft reagieren wir am Tag auf Auslöser, ohne uns dessen bewusst zu sein? Wie viel Überwindung kostet es Sie, den Klingelton Ihres Handys zu ignorieren und bei dem zu bleiben, was Sie gerade tun? Unsere Sinnesorgane spielen eine wichtige Rolle in unserem Leben. In unseren Augen, in den Ohren, in der Nase, auf der Haut und auf der Zunge findet der Kontakt mit unserem Umfeld statt.

Unsere Sinnesorgane sind das Tor zur Außenwelt.

Durch die Wahrnehmung unserer Sinnesorgane stehen wir im Austausch mit unserer Umgebung. Was sie aufnehmen, wird ein Teil von uns, vermischt sich mit all dem, was wir auf unserer Festplatte gespeichert haben. Menschen, die stark nach außen orientiert sind, haben oft das Gefühl, sich zu verlieren. Äußere Einflüsse wühlen auf, trüben die Stimmung … Wenn Sie einen Sinnesreiz jedoch achtsam wahrnehmen, lassen Sie es gar nicht so weit kommen. Sie unterbrechen den Vorgang, der seinen Lauf nehmen will.

Sinneswahrnehmungen können als Auslöser für Gedanken und Gefühle dienen. Ein spezieller Geruch erinnert uns vielleicht an einen Menschen und ruft längst vergangene Gefühle wie Liebe und Trauer um den Verlust dieses Menschen in uns wach. Musik versetzt uns in bestimmte Gefühlszustände, die sowohl auf der direkten Wirkung der Klangschwingung als auch auf unserer kulturellen Prägung und unserer Erziehung beruhen. Auch Bilder und Farben rufen Gefühle in uns hervor. Der Geschmack einer bestimmten Speise kann ebenfalls Erinnerungen in uns wachrufen oder neue kreieren. Wenn Sie einen Sinnesreiz benennen, zügeln Sie Ihren Verstand, der ansonsten seine Assoziationsketten aus diesem Reiz webt.

Ein weiteres Zeichen dafür, dass der Verstand die Sinnesreize verarbeitet, ist die Tatsache, dass wir im Schlaf nicht hören. Es ist nicht das Ohr mit seinen komplexen Nervenzellen, das schläft. Vielmehr befindet sich der Verstand auf einer anderen (Schwingungs-)Ebene und verarbeitet demzufolge den Reiz nicht. Nun gibt es aber Menschen, die unter bestimmten Bedingungen, wenn es sozusagen »darauf ankommt«, sehr wohl jedes noch so leise Geräusch hören, selbst wenn sie tief und fest schlafen: Mütter von Neugeborenen beispielsweise oder Schäfer, die ihre Herde bewachen, oder wir alle, wenn wir aus wichtigem Grund früh aufstehen müssen und den Wecker auf keinen Fall überhören dürfen. Die Tatsache, dass wir unter solchen Umständen eben doch im Schlaf hören, widerlegt das oben Gesagte nicht, sondern bestätigt es. Wir hören im Schlaf, wenn wir uns entsprechend konditioniert haben, wenn das Betriebssystem den Verstand sozusagen im »Bereitschaftsmodus« hält, weil es »wichtig« ist, dass er bestimmte Reize auch auf der anderen Ebene verarbeitet. Ansonsten – also in den meisten Fällen – gilt das oben Gesagte auch für alle anderen Sinne. Warum sonst kann jemand den Brand nicht rechtzeitig riechen, wenn er über einer letzten Zigarette eingeschlafen ist?

Bedingt durch seine Funktion, entscheidet der Verstand, was wir hören, sehen, riechen, schmecken und über die Berührungen unserer Haut wahrnehmen.

ÜBUNG Schritt 4: Achtsamkeit auf die Gedanken und Sinneswahrnehmungen

➤ Schließen Sie die Augen. Konzentrieren Sie sich auf den Atem und verfolgen Sie das Heben und Senken der Bauchdecke. Machen Sie mental eine Notiz: »Heben – senken ...«

➤ Konzentrieren Sie sich, solange es Ihnen möglich ist. Wann immer Sie einen Gedanken wahrnehmen, benennen Sie ihn: »Denken, denken, denken.«

➤ Stellen Sie ebenso Ihre Sinneswahrnehmungen mental fest. Wenn Sie ein Geräusch hören, notieren Sie im Geiste: »Hören, hören, hören.« Auch wenn Sie einen optischen Reiz oder auch eine Vision oder innere Bilder wahrnehmen, notieren Sie: »Sehen, sehen, sehen.« Benennen Sie Ihre anderen Sinneswahrnehmungen entsprechend, also: »Riechen, riechen, riechen«, »Fühlen, fühlen, fühlen« oder »Schmecken, schmecken, schmecken«.

➤ Wann immer Ihre Gedanken weit abschweifen und Sie die Position des Beobachters verlieren, kehren Sie zum Anker Ihres Atems zurück, konzentrieren sich und richten Ihre Achtsamkeit erneut auf die auftauchenden Gedanken und Sinneswahrnehmungen.

Es ist vollkommen natürlich, dass Ihre Gedanken während der Übung abschweifen und Sie vielleicht erst nach einiger Zeit merken, dass Sie den Fokus auf die Gedanken verloren haben. Je öfter Sie üben, desto schneller werden Sie feststellen, wann Ihr Verstand wegdriftet. Dann etabliert sich die Achtsamkeit in Ihnen, und Sie werden sich der Vorgänge in Ihrem Innern immer deutlicher bewusst.

Vielleicht haben Sie mitunter auch den Eindruck, dass Stille in Ihrem Verstand eingekehrt ist, dass Sie nichts denken. Doch wer ist es, der denkt, dass Sie nichts denken?

Wenn Sie Ihre Achtsamkeit schärfen, werden Sie spüren, dass dieser Eindruck eine Illusion ist. Der nächste Gedanke ist schon da.

Wie ein Film, der sich aus vielen Einzelbildern zusammensetzt, besteht auch Ihr Gedankenfluss aus unzähligen einzelnen Gedanken. Ein Gedanke ist nicht von Dauer. In rasanter Abfolge bilden sich Bruchstücke von Gedanken, die jedes für sich entstehen und vergehen und im Verstand zu einer Gedankenfolge verarbeitet werden.

Ihre Gedanken sind aber auch Energie. Sie bergen ein

Potenzial, das Sie beeinflussen kann und bestimmte Reaktionen und Aktionen in Ihnen auslöst. Die Geschichte der Menschheit ist voll von Konflikten, die auf feindseligen und hasserfüllten Gedanken beruhen. Wer seinen Verstand nicht kontrollieren kann, der kann auch seine Taten nicht zuverlässig kontrollieren, denn unsere Gedanken geben uns eine Scheinwirklichkeit vor, die uns so stark beeinflussen kann, dass wir nicht länger besonnen reagieren. Und jede Aktion zieht nach den Gesetzmäßigkeiten von Ursache und Wirkung eine Reaktion nach sich.

Wenn die Wellen, die der Verstand schlägt,
sich legen, wird das Wasser klar, und das Bewusstsein
auf dem Grund des Sees kann sich entfalten.

DIE MEDITATIONSPRAXIS

Sobald Sie sich mit den einzelnen Schritten des Insight Mind Focusing vertraut gemacht haben, setzen Sie diese zu einer einstündigen Meditation zusammen. Sie beginnen mit der Achtsamkeit auf den Körper, stellen Ihre Grundstimmung fest und konzentrieren sich anschließend auf das Heben und Senken der Bauchdecke. Dann richten Sie die Achtsamkeit auf alle auftauchenden Gefühle, Sinneswahrnehmungen und Gedanken. Benennen Sie diese entsprechend und machen Sie jeweils eine dreifache mentale Notiz, wie Sie es gelernt haben.

Sie können sich während der Meditation je nach Bedarf mehr oder weniger Zeit für die einzelnen Schritte nehmen.

Wenn Ihnen danach ist, mehr über Ihren Körper zu erfahren, widmen Sie die Meditation für eine Weile ganz dem ersten Schritt. Wann immer Ihr Verstand abschweift, machen Sie sich eine mentale Notiz und kehren zum Punkt Ihrer Beobachtung zurück. Möchten Sie mehr über die Natur Ihres Verstandes erfahren, reisen Sie nur kurz durch Ihren Körper und stellen Ihre Haltung und die Berührungspunkte fest. Dann konzentrieren Sie sich auf den Atem und richten die Achtsamkeit anschließend auf die auftauchenden Gedanken. Versuchen Sie, im Moment des Entstehens eines Gedankens dabei zu sein!

Wenn Sie morgens und abends jeweils eine Stunde üben, werden Sie schon bald merken, wie die Achtsamkeit zu einem Bestandteil Ihres täglichen Lebens wird. Aber auch wenn Sie nur 10 oder 20 Minuten am Tag für diese Übung aufbringen können, ist es besser als nichts.

Wenn wir das Werkzeug der Achtsamkeit in unserem Leben einsetzen wollen, müssen wir es schmieden und immer weiter daran feilen.

Grenzen setzt nur das Denken. Die Informationen, die in jedem Atemzug, jedem Gedanken und jedem Gefühl für Sie bereitliegen, sind immens.

Achtsamkeit in unserem Leben öffnet eine Welt voller Staunen und Verbundenheit mit anderen Wesen. Wer achtsam ist, versteht sich selbst und erlangt universelles Verständnis. Er schafft Glück und Frieden in sich und trägt sie hinaus in die Welt.

DAS GLEICHNIS VON DEN LOTOSBLUMEN

Als der Buddha erleuchtet war, zögerte er, ob er durch das Land ziehen und seine Lehre verbreiten solle. Die Wahrheit war so subtil und unterschied sich so sehr von der Scheinrealität, die die Menschen als gegeben hinnahmen, dass er sich fragte, ob ihn irgendjemand verstehen würde.

Da hatte der Buddha eine Vision. Er sah die Menschheit als großen See voller Lotosblumen. Viele der Pflanzen befanden sich noch tief unter Wasser, und etliche von ihnen waren noch ganz im Schlamm verborgen, sodass ihre Knospen nicht zu sehen waren. Andere waren bereits gewachsen, ihre Knospen ragten über die Oberfläche. Bei wieder anderen begannen sich die Blätter zu entfalten. Einige wenige ragten empor und öffneten ihre Blüten.

In dieser Vision über die verschiedenen Entwicklungsstufen der Menschen erkannte der Buddha, dass einige ihn nicht hören und verstehen würden. Sie brauchten noch Zeit. Andere aber waren bereit, seine Lehre aufzunehmen wie der Lotos das Sonnenlicht. Sie würden wachsen, gedeihen und zu voller Blüte gelangen, indem sie seine Lehre – das, was auch ihn erleuchtet hatte, für sich annähmen.

Vor dem Hintergrund seiner eigenen Lebensumstände
hat jeder Mensch die Möglichkeit, Achtsamkeit
in sein Leben zu integrieren und ihre Kraft zu erfahren.
Investieren Sie Zeit in sich und Ihre Entwicklung.
Das ist die beste Investition, die Sie für sich selbst
jemals tätigen können.

KAPITEL 5

ACHTSAMKEIT IN DEN TAG TRAGEN

Es gibt nur eine Zeit, die in unserem Leben wichtig ist. Diese Zeit ist jetzt. Der Moment. Was immer wir tun, er entscheidet über das Gelingen oder Misslingen. Er ist entscheidend für unser Leben.

Han Shan

Kurz nach der Dämmerung hatte der See die Farbe von Blei. Ich stakte hinaus aufs offene Wasser. Der Motor hatte noch ein, zwei Mal getuckert und war dann verstummt. Ein Tag Fasten war angesagt. Später würde ich ihn zu reparieren versuchen, sodass ich morgen wieder zur Almosenrunde fahren konnte. Doch jetzt war Zeit zu meditieren.

Wann immer ich Gelegenheit hatte, meditierte ich auf dem offenen Wasser. Dann warf ich einen großen Stein über

Bord, den ich mit einer Leine umwickelt hatte, und setzte mich zum Meditieren in die Mitte des Bootes.

So auch jetzt. Die Luft stand förmlich über dem See und trug den Geruch des Sumpflands mit sich. Ich spürte die sachten Bewegungen des Bootes auf dem Wasser und schloss die Augen. Als ich sie Stunden später wieder öffnete und an mir herabsah, war alles grün. Die ockerfarbene Robe, meine Arme, die freie Schulter – grün. Ich staunte. Das war keine Vision – ich war über und über mit winzigen grünen Insekten bedeckt!

Später kam Wind auf, ich spürte ein Kribbeln auf der Haut. Die Insekten flogen in Richtung Ufer davon. Nun spürte ich den Wellengang, die Wellen ließen das Boot schaukeln. Ich suchte nach meiner inneren Mitte. Wie oft fühlt man sich als Mensch wie auf einem Boot mitten im Wasser – den Stürmen des Lebens ausgeliefert. Wenn alles ruhig ist, treiben wir dahin. Doch wenn eine Welle kommt, sind wir hilflos und drohen unterzugehen.

Kurz überlegte ich, ob ich zum Ufer zurückstaken sollte. Auf der Insel wäre ich in Sicherheit. Doch nein, dachte ich. Das war nur eine vorgestellte Sicherheit. Ich musste die Kraft in mir finden, um stark zu sein und im Gleichgewicht zu bleiben. Wir alle sollten wie Inseln sein. Wenn die Wogen des Lebens uns treffen, ruhen wir in uns und lassen uns nicht von unseren Ängsten wegtragen. Wer stark ist, den überspült die Woge, doch er bleibt in sich verankert. Und während sie verebbt – und sie wird verebben, denn alles wandelt sich –, kann das Wasser sich teilen, und er kann seine Stärke anderen zur Verfügung stellen …

Wenn wir Achtsamkeit in unser Leben tragen, wird alles, was wir tun, zur Meditation.

Dann leben wir nicht länger so, als gäbe es keine Vergänglichkeit, nur um am Ende unseres Lebens festzustellen, dass wir nie wirklich gelebt haben. Wir sind auch nicht länger in den Vorstellungen von der Vergangenheit oder in unseren Träumen von der Zukunft gefangen und verpassen darüber die alles entscheidende Gegenwart. Noch richten wir unseren Fokus auf Dinge im Außen und machen uns abhängig von anderen, wo das wahre Glück doch in unserem Inneren beheimatet ist, dort, wo nichts und niemand es uns nehmen kann.

Das Üben der Achtsamkeit ist die beste Investition, die Sie für sich selbst tätigen können. Sie wird weitreichende Änderungen in Ihr Leben bringen.

ACHTSAMKEIT IM TÄGLICHEN LEBEN

Das Ziel des Insight Mind Focusing ist es, den Zustand der Achtsamkeit in sich zu erfahren und in den Alltag zu tragen. Wenn man zu praktizieren beginnt, gelingt einem dies vielleicht nur für kurze Momente. Doch ebendiese Momente sind ein wertvoller Impuls für die eigene Entwicklung.

Vielleicht sehen wir keine Notwendigkeit, bei unseren alltäglichen Verrichtungen achtsam zu sein. Doch wie sollen wir uns in schwierigen Situationen angemessen verhalten, wenn wir nicht einmal wissen, wie (und dass) wir ständig irgendwelchen Einflüssen und Manipulationen unterliegen? Jede unserer Aktionen und Reaktionen hat einen Auslöser im Innen oder Außen. Die auf den Auslöser folgenden Gedanken und Gefühle aber laufen allein in uns ab. Also haben *wir* allein Einfluss darauf, was wir denken, fühlen, sagen und tun.

Wenn Sie zu praktizieren beginnen, legen Sie eine Achtsamkeitsspur auf Ihrer Festplatte an, die Sie Schritt für Schritt verstärken. Sie versuchen in jeder Situation Ihres Lebens achtsam zu sein – bis dieser Zustand in Ihnen von Dauer ist.

Vielleicht werden Sie sich immer öfter bewusst, dass Sie gerade atmen. Oder Sie spüren, dass Ihre Gedanken Sie wieder einmal fortgetragen haben. Fühlen Sie Ihren Herzschlag?

Wenn Ihre Achtsamkeit stärker wird, können Sie sie in Stresssituationen einsetzen, wenn Sie sich provoziert fühlen oder Ihre innere Mitte verlieren (siehe Kapitel 7).

Setzen Sie die mentale Notiz immer wieder auch im Alltag ein. So wird sie zum selbstverständlichen Werkzeug, das Sie immer und überall bei sich haben.

Die folgenden Übungen sind dazu gedacht, die Wirkung der Achtsamkeitsmeditation zu verstärken. Vielleicht haben Sie Lust, die eine oder andere auszuprobieren. Sie brauchen keine Requisiten, Sie müssen Ihrem Leben nichts hinzufügen, im Gegenteil, Sie vereinfachen es. Denn Sie werden immer unabhängiger von äußeren Dingen und fühlen sich mit sich und in sich wohl. Sie müssen auch nicht viel Zeit aufwenden, denn Ihr Alltag dient Ihnen als Übungsfeld. Sie nehmen die Dinge um sich herum so wahr, wie sie sind. Und

Sie nehmen sie auch so an, wie sie sind, denn alles, was Ihnen begegnet, hat mit Ihnen zu tun und kann Ihnen als Meditation dienen.

Mit dem Einrichten einer **Meditationsecke** schaffen Sie in Ihrem Leben Platz für die Praxis der Achtsamkeit. Diese Ecke erinnert Sie daran zu meditieren. Vielleicht nutzen Sie sie täglich, dann wird sie schon bald ein Ort der Ruhe und inneren Kraft, an den Sie sich zurückziehen und wo Sie an sich arbeiten können. Dabei machen Sie sich die Macht der Gewohnheit zunutze, um die Achtsamkeit in Ihrem Leben zu etablieren, und unterstützen sich dabei durch ein ruhiges, harmonisches Umfeld.

Andererseits müssen Sie dies nicht tun, wenn Ihnen nicht danach ist oder wenn Sie keine freie Ecke zur Verfügung haben. Sie können auch inmitten der Hast dieser Welt meditieren, in einem Café an einer belebten Straße, in der U-Bahn zur Berufsverkehrszeit, in der Schlange im Supermarkt oder wo Sie sich gerade befinden. Ebendies ist ja das Ziel: die Achtsamkeit immer bei sich zu haben. Doch manchmal ist es einfacher, sich in dem zu unterstützen, was man tut, statt sich noch weiter herauszufordern. Das heißt in diesem Fall, dass es Ihnen in einer reizarmen Umgebung vermutlich leichter fällt, Ihre Sinneswahrnehmungen, Gefühle und Gedanken zu beobachten.

In vielen Meditationszentren und -ecken findet sich eine **Buddha-Statue**. Sie kann uns daran erinnern, dass Buddha aus sich heraus durch das Praktizieren von Achtsamkeit die Erleuchtung erlangt hat – so wie auch wir dazu in der Lage sind. Eine Buddha-Statue wirkt sich durch ihre friedvolle Ausstrahlung harmonisierend auf Sie und Ihr Umfeld aus.

Chanting dient der Einstimmung auf die Meditation, der Heilung und Reinigung. Besondere Chants begleiten Rituale und Zeremonien, wie eine Hochzeit, eine Geburt oder eine Einäscherung. Die Texte sind in Pali verfasst, der Schriftsprache des Buddhismus. Sie erzählen von Buddhas Leben, seiner Lehre und preisen seine Taten. Einige Gesänge sind der universellen Liebe gewidmet und tragen sie hinaus in die Welt. Wer zuhört, konsumiert nicht einfach, sondern öffnet sein Ohr achtsam den Klängen. Er lässt sich nicht von der Melodie wegtragen, sondern lauscht jeder einzelnen Silbe, der eine verborgene Kraft innewohnt. Die Schwingung wirkt harmonisierend und somit heilend auf die gesamte Umgebung, in der sie erklingt.

Planen Sie **feste Meditationszeiten** in Ihr tägliches Leben ein. Sie erinnern sich damit selbst an Ihre Absicht, Achtsamkeit zu praktizieren und dies regelmäßig zu tun. Versuchen Sie eine Meditationszeit zu finden, die in Ihren normalen Tagesablauf passt, am besten morgens und abends, auch wenn es nur 10 Minuten sind. Sie werden sehen, dass nach einer Weile immer zur gewohnten Tageszeit der Wunsch zu meditieren in Ihnen hochkommt.

Am Anfang wird der Verstand regelmäßig seine Trickkiste öffnen und Ihnen tausend Dinge präsentieren, die angeblich viel wichtiger sind als Meditieren. Lassen Sie sich nicht davon abbringen. Selbst wenn Sie übermüdet, durcheinander oder gedanklich überlastet sind und der Verstand Ihnen sagt, dass es heute einfach keinen Sinn macht zu meditieren, tun Sie es trotzdem. Sie werden spüren, dass Ihre Beharrlichkeit eine große Wirkung hat, und sei es nur, um den Verstand zu zügeln und sich nicht einfach von ihm beeinflussen zu lassen. Sollte es einmal wirklich zeitlich nicht möglich sein zu meditieren, verlegen Sie die Meditation bewusst und halten sich dann auch an die vereinbarte Uhrzeit.

Legen Sie zusätzlich eine **Stunde der erhöhten Achtsamkeit** in Ihrem gewohnten Tagesablauf fest, in der Sie versuchen, alles achtsam zu tun.

Um sich immer wieder über den Tag verteilt an die Achtsamkeit zu erinnern, kann es auch hilfreich sein, eine **Glocke** oder einen **Gong** anzuschlagen, so wie in den Tempeln der Gong zur Meditation ruft. Die Schwingung eines Gongs oder Glockentons spüren wir mit unserem ganzen Körper. Sie dient uns als Mittel, um zu innerer Ruhe und Harmonie zu finden. Auf einer tiefen Ebene erinnert sie uns an die Momente der Achtsamkeit, die wir bereits erfahren haben.

Sie können auch andere, beliebige Töne aus Ihrer Umgebung wählen, die Sie daran erinnern, achtsam zu sein. Das kann ein angenehmer Ton Ihres Handys sein, das Sie sich zu verschiedenen Zeiten stellen, um dann innezuhalten, ein paar tiefe Atemzüge zu nehmen und achtsam bei dem zu sein, was Sie dann gerade tun. Auch der Ruf der Amsel auf dem Balkon, das Rascheln der Blätter im Wind, die vorbeifahrende Straßenbahn, das Quietschen einer Tür im Haus, die ins Schloss fallende Tür Ihres Nachbarn können Ihnen als Erinnerung dienen, für einen Moment achtsam zu sein.

Alles kann Ihnen als Anstoß dienen, achtsam wahrzunehmen, welche Gedanken, Gefühle und Reaktionen momentan in Ihnen aufsteigen und was Sie in Ihren Alltag tragen.

DAS GEHEN

Ein weiser buddhistischer Spruch lautet: »Wenn du glaubst, du sollst rennen, dann geh langsam.«

Die Gehmeditation hat im Buddhismus eine lange Tradition. Buddha praktizierte sie täglich, auch nach seiner Erleuchtung. Die verschiedenen Richtungen des Buddhismus geben sehr unterschiedliche Anweisungen zur Gehmeditation.

Viel Achtsamkeit wird dabei der Bewegung an sich gewidmet. Einige Schulen betonen, wie wichtig es ist, die Fußspitze zuerst aufzusetzen, andere setzen den Fuß zuerst mit der Ferse auf, wie wir es gewohnt sind, wieder andere schreiben eine Handhaltung beim Gehen vor, die den Übenden ins Gleichgewicht bringen soll. Die Gehmeditation wird oft als Ergänzung zur klassischen Sitzmeditation angesehen.

ÜBUNG: Achtsames Gehen im Alltag

➤ Wenn Sie im täglichen Leben gehen, lenken Sie Ihre Achtsamkeit auf die Füße. Spüren Sie die Bewegung ... wie Ihr Fuß den Boden berührt, wie er abrollt, wie der andere Fuß dem ersten folgt ... Notieren Sie mental: »Links – rechts, links – rechts ...«, während Sie einen Fuß vor den anderen setzen.

➤ Dabei kommt es nicht darauf an, ob Sie drinnen oder draußen gehen, schnell oder langsam, eine kurze oder eine weite Strecke.

➤ Wann immer der Verstand abschweift und Sie merken, dass Sie die Achtsamkeit nicht länger auf das Gehen richten, kehren Sie zur Übung zurück und notieren das Setzen der Füße erneut mental.

* * *

Die Achtsamkeit beim normalen Gehen holt Sie schnell in den gegenwärtigen Augenblick zurück und befreit Sie von störenden Gedanken und Vorstellungen. Es ist eine einfache Variante des formellen achtsamen Gehens, die im Alltag gut anwendbar ist. Praktizieren Sie sie immer dann, wenn Sie auf dem Weg zu einer wichtigen Besprechung sind, vor ein Publikum treten oder sonst etwas vorhaben, das für Sie von Bedeutung ist.

Auf diese Weise signalisieren Sie sich selbst und anderen Konzentration und Achtsamkeit in Ihren Handlungen: Sie zeigen Charisma. Dieses ist nicht aufgesetzt, sondern strahlt aus Ihrem Inneren, denn Sie ruhen in sich und übertragen dies auf alles, was Sie sagen und tun.

ÜBUNG: Die Gehmeditation

➤ Bei der formellen Gehmeditation atmen Sie als Erstes tief ein und aus. Konzentrieren Sie sich auf das Heben und Senken der Bauchdecke, während Sie gleichmäßig atmen. Anschließend lenken Sie Ihre Achtsamkeit auf das langsame Setzen des Fußes. Beobachten Sie den Bewegungsablauf in allen Einzelheiten: das Aufsetzen der Ferse, das

Abrollen, das Schweben des Fußes in der Luft, während der andere Fuß den Boden berührt. Sie können jeden einzelnen Bewegungsschritt mit einer mentalen Notiz versehen, um den Verstand auf diese Weise beschäftigt zu halten: »Ferse – abrollen – Zehen ...«

- Wenn Sie die Achtsamkeit auf den Fuß verloren haben, konzentrieren Sie sich auf das Heben und Senken beim Atmen und beginnen erneut.
- Wenn Sie während der Gehmeditation beispielsweise Vogelgezwitscher oder ein anderes Geräusch hören, das Sie ablenkt, halten Sie inne und machen eine mentale Notiz: »Hören, hören, hören ...« Alles auf Ihrem Weg kann Ihnen Erkenntnis schenken, wenn Sie es in die Meditation einschließen. Dann lenken Sie die Achtsamkeit wieder auf das Gehen.

Diese Form der Gehmeditation wird sehr langsam ausgeführt, um sich selbst die Möglichkeit zu geben, die vielen Abläufe beim Gehen überhaupt wahrzunehmen. Anders als das Gehen in der ersten Übung eignet sie sich weniger als unterstützende Methode im Alltag denn als eigenständige Meditation, die sich beispielsweise mit einem Spaziergang verbinden lässt. Sie können die Gehmeditation auch im Anschluss an die Sitzmeditation oder mit dieser im Wechsel durchführen, wenn Sie sich einige Stunden Zeit zum Praktizieren nehmen möchten.

EIN RETREAT

In unserem gewohnten Umfeld fällt es uns oft schwer, der Macht der eigenen Gewohnheiten etwas entgegenzusetzen und neue Ansätze zu verwirklichen. Wir alle stehen im täglichen Leben ständig im energetischen Austausch mit unserer Umgebung und mit anderen Menschen. Das Umfeld formt uns. Wenn wir etwas an uns ändern wollen, ist der Einfluss des Umfelds oft stärker als unser Impuls, und wir werden immer wieder in gewohnte Muster hineingezogen. Bestimmt kennen Sie diesen Mechanismus: Wer zum Beispiel mit dem Rauchen aufhören will, hat es schwer, wenn er von lauter Rauchern umgeben ist. Ein junger Mensch, der in der Drogenszene ist, wird rückfällig, wenn er nach dem Entzug in die gewohnte Umgebung zurückkehrt. Das Gleiche gilt für eine Diät und überhaupt für alle Gewohnheiten.

Wer Achtsamkeit in sein Leben integrieren möchte, hat es leichter, wenn er sich für eine Weile von der Außenwelt zurückzieht und an einem Ort der Stille meditiert.

In Thailand ist es üblich, dass jeder, der eine gesellschaftlich einflussreiche Stellung innehat, für eine Weile in den Tempel geht, um dort zu praktizieren. Vom König über den Lehrer bis hin zum werdenden Familienvater – die Menschen suchen einen Ort der inneren Einkehr auf, um einen Einblick in die wahren Gesetze des Lebens zu bekommen.

In einem Retreat hat der Praktizierende Gelegenheit, frei von äußeren Störungen und weltlichen Verpflichtungen in sich zu gehen und unter Anleitung zu meditieren. Er wird nicht ständig an seinen Alltag und all seine Verpflichtungen erinnert. Aus der Beobachtung der Natur kann er zusätzlich

Erkenntnisse ziehen und in sein Leben integrieren lernen. Mit den anderen Besuchern des Retreats, die ebenfalls an sich arbeiten, kann sich eine wertvolle Synergie ergeben und universelles Verständnis geübt werden.

Die Erholung, die ein gewöhnlicher Urlaub bringt, ist oft schon nach wenigen Arbeitstagen wieder dahin. Der Aufenthalt in einem Retreat kann jedoch bewirken, dass Sie innerlich gestärkt und mit neuen Erkenntnissen ausgerüstet in Ihr tägliches Leben zurückkehren – bereit, den Alltag mit all seinen Anforderungen auf achtsame Weise zu bewältigen und inneres Wohlgefühl in die Welt zu tragen.

Wenn Sie den Eindruck haben, dass Sie im Leben feststecken und Ihr Umfeld Ihnen Kraft entzieht, wird Ihnen der Aufenthalt in einem Retreat neue Impulse geben, damit Sie innerlich wieder stark werden. Dann gelingt es Ihnen auch, Ihr Leben so zu gestalten, dass Sie Ihr Potenzial entfalten können.

DAS ESSEN

Achtsamkeit kann in jedem einzelnen Moment unseres Lebens verwirklicht werden. Während des Essens können Sie sich entscheiden, mit Ihrer ganzen Achtsamkeit dabei zu sein. Am einfachsten fällt dies, wenn Sie schweigend essen.

Was essen Sie? Wo ist es gewachsen? Ist es förderlich für Ihre Gesundheit? Stillen Sie Ihren Hunger, oder haben Sie gerade Lust am Essen? Genießen Sie es? Spüren Sie es auf der Zunge? Welche Gefühle stellen sich dabei automatisch in Ihnen ein?

Wenn Sie das Essen als Übung nehmen, fühlen Sie das Messer, den Löffel oder die Gabel in der Hand. Sie betrachten das Essen, sind sich bewusst, wie Sie es zum Mund führen, und richten Ihre Achtsamkeit auf den Geschmack und das Kauen. Wann immer Ihre Gedanken abschweifen, machen Sie eine mentale Notiz (»Denken, denken, denken ...) und richten die Achtsamkeit wieder auf das Essen.

Je schärfer Ihre Achtsamkeit wird, desto mehr Veränderungen werden Sie in Ihrem Essverhalten bemerken. Sie werden immer seltener unbewusst zu etwas Essbarem greifen. Die Speisen an sich werden weniger wichtig, denn Ihr Wohlgefühl hängt nicht mehr von einer guten, reichhaltigen Mahlzeit ab. Was nicht heißen soll, dass Sie das Essen nicht mehr genießen! Im Gegenteil – es wird intensiver schmecken.

Sie werden auch ein natürliches Wissen darüber erlangen, was Ihrem Körper guttut und was ihn gesund erhält. Die Qualität der Nahrung rückt in den Vordergrund, wobei Sie »Qualität« jetzt vielleicht anders definieren als zuvor. Alles, was Sie essen, ist für Sie gewachsen, hat für Sie gelebt. Mit Dankbarkeit und zugewandten Gedanken können Sie den Nahrungsmitteln Respekt zollen.

Nahrung ist für uns Menschen essenziell, so wie das Wasser und die Luft zum Atmen. Doch nicht immer essen wir, was uns guttut. Unsere Essgewohnheiten haben sich im Laufe der Jahre ausgebildet. Und wie bei allen Gewohnheiten können wir ihnen mithilfe der Achtsamkeit auf die Spur kommen. Wenn Ihnen bewusst wird, dass Sie automatisch zu Schokolade, einem Bier oder dem fünften Kaffee greifen, können Sie diesen Vorgang stoppen und sich bewusst werden, was Sie essen und trinken. Nehmen Sie Einfluss darauf, was Sie Ihrem Körper zuführen. Gegen alle unsere Gewohnheiten und sämtliche Manipulationen von außen können wir unsere gesamte Ernährung allein mit dem Werkzeug der Achtsamkeit umstellen. So sind wir auch in der Lage, Essstörungen gegenzusteuern, und erkennen, was ihnen zugrunde liegt, beispielsweise ein falsches Selbstbild, Kummer oder Überforderung.

Essen ist immer etwas, das im Moment geschieht. Achtsam essen bedeutet, beim Essen präsent zu sein, den Genuss Bissen für Bissen auszukosten und dann wieder loszulassen.

ALLTÄGLICHE VERRICHTUNGEN

Im Alltag bewegen wir uns in unserem gewohnten Umfeld. Auch wenn wir vielleicht einen großen Teil unserer Zeit in geschlossenen Räumen verbringen, stehen wir mit den vier Elementen Erde, Wasser, Luft und Feuer in Verbindung. Spüren Sie den Boden unter sich? Die Kraft der Erdanziehung? Sind Sie in Traditionen verwurzelt? Welche Beschaffenheit hat das Wasser, mit dem Sie in Berührung kommen? Und die Luft, die Sie atmen? Ist Ihre Umgebung kalt oder warm? Erhitzen sich die Gemüter um Sie herum?

Was immer wir den Tag über tun, können wir achtsam tun. Vielleicht möchten Sie einen Achtsamkeitstag ausprobieren. Das Wahrnehmen des Hebens und Senkens der Bauchdecke beim Atmen und die mentale Notiz sind alles, was Sie dazu brauchen. Lassen Sie sich überraschen, in welchen Situationen Sie sich wie von selbst an die Achtsamkeit erinnern und wann sie Ihnen entgleitet.

ÜBUNG: Ein Achtsamkeitstag

➤ Beginnen Sie mit dem Aufstehen am Morgen. Stellen Sie achtsam fest, welchen Fuß Sie als Erstes auf den Boden setzen und wie Sie sich aufrichten. Spüren Sie den Boden unter Ihren Füßen. Wie stehen Sie da? Wie in der Übung des Insight Mind Focusing können Sie ein kleines Körperscanning machen. Gelingt es Ihnen, sich selbst aus der Warte einer dritten Person wahrzunehmen?

➤ Gehen Sie dann über zu Ihrer morgendlichen Routine. Vielleicht möchten Sie die Zahnbürste in die andere Hand nehmen? Dann fällt es Ihnen leichter, sich achtsam die Zähne zu putzen, weil Sie nicht in Ihre alte Gewohnheit verfallen.

➤ Spüren Sie das Wasser der Dusche über Ihren Körper rinnen. Vergessen Sie nicht, eine mentale Notiz zu machen. Kleiden Sie sich langsam an, damit Sie Zeuge der vielen Bewegungen sein können, die dafür nötig sind. Gehen Sie achtsam zur Küche oder ins Esszimmer, nehmen Sie Ihr Frühstück schweigend und achtsam zu sich. Wenn Sie sprechen – sei es zu Hause, unterwegs oder in der Arbeit –, dann lassen Sie sich ein wenig Zeit, bevor Sie antworten. Reden Sie bedacht und ruhig. Bleiben Sie achtsam bei sich, während Sie zuhören.

- Erledigen Sie Ihre Arbeit mit ganzem Einsatz. Wenn Ihre Gedanken abschweifen, machen Sie eine mentale Notiz. Oder Sie konzentrieren sich eine Weile auf das Heben und Senken der Bauchdecke beim Atmen.
- Üben Sie sich auf dem Heimweg im alltäglichen achtsamen Gehen. Wie stecken Sie den Schlüssel ins Schloss? Wo legen Sie ihn hin? Seien Sie achtsam dabei.
- Wie möchten Sie Ihre Freizeit gestalten? Laden Sie die Achtsamkeit ein, Sie zu begleiten. Wenn es Zeit wird, schlafen zu gehen, konzentrieren Sie sich wiederum auf das Heben und Senken der Bauchdecke. Vielleicht wissen Sie ja am nächsten Morgen noch, wann Sie eingeschlafen sind? Beim Heben oder beim Senken?

Nicht immer werden Sie im Alltag die Rolle des Beobachters einnehmen können. Wenn Sie in einem Meeting etwas vortragen, einen Text schreiben, ein Plakat entwerfen, den Kindern eine Geschichte erzählen, wird es Ihnen vermutlich schwerfallen, dies in jeder Blitzsekunde achtsam zu tun. Doch es gibt einen weiteren Weg, den Alltag bestmöglich zu bewältigen und dabei der Achtsamkeit in sich den Weg zu bereiten: etwas »ganz« zu tun und voll dabei zu sein.

Ein Arzt, der eine Notoperation durchführen muss, wird dies idealerweise mit seiner ganzen Achtsamkeit tun. Was immer ihn sonst bewegt – persönliche Gefühle oder private Sorgen etwa –, darf ihn in seiner Arbeit nicht behindern. Er muss frei sein von Überlagerungen, um sein Bestmögliches geben zu können. Die Energie der Achtsamkeit wird ihm helfen, sich ganz auf den Augenblick zu besinnen und alles

Notwendige entsprechend zu veranlassen. Aus dieser Klarheit heraus ist er in der Lage, sein ganzes Können bei der Operation einzusetzen und auch auf unvorhergesehene Komplikationen zu reagieren.

Dieses Beispiel gilt für alle Situationen, die Ihre gesamte Achtsamkeit einfordern. Um auf Ihr Potenzial zugreifen zu können und *alles* zu geben, gilt es, sich von jeglichem Druck freizumachen, ihn loszulassen. Denn wenn es darauf ankommt, zählt nur der Moment. Ein peinlicher Versprecher, ein Stolpern auf dem Weg zum Rednerpult, ein falscher Handgriff, eine Fehlentscheidung, ein Blackout bei einer Prüfungsfrage, ein vergebenes Tor … All dies geschieht in einem einzigen Moment der Unachtsamkeit. Dann zählt nicht mehr, wie gut jemand vorher abgeschnitten hat, was Statistiken besagen und wie glänzend der Betreffende sich vorbereitet hat. Es zählt immer nur der Moment, er ist das Wichtigste.

Wer Achtsamkeit in sich trägt, kann sich auch unter Druck entfalten und auf sein wahres Potenzial zugreifen.
Denn er greift auf die Kraft des Augenblicks zurück, lässt los, was immer sich störend auswirkt, und gibt alles, was er zu geben vermag, weil er in seiner eigenen Mitte bleiben kann.

KONTEMPLATION

Wie ist Ihr Tag verlaufen? Sind Sie sich bewusst, dass ein Tag Ihres Lebens verstrichen ist? Ein ganzer Tag, der nicht wiederkehren wird?

ÜBUNG: Den Tag ausklingen lassen

➤ Atmen Sie tief ein und aus, konzentrieren Sie sich auf das Heben und Senken der Bauchdecke. Lassen Sie den Tag dann noch einmal an sich vorbeiziehen. Gab es Momente der Achtsamkeit? Konnten Sie bestimmte Situationen für Ihre Entwicklung nutzen? Haben Sie sich mitreißen lassen, sich geärgert, sich provoziert gefühlt? Wenn ja, wie sind Sie damit umgegangen? Gab es Situationen, in denen Sie gespürt haben, wie sich Ihr Achtsamkeitstraining auf Sie auswirkt?

Nehmen Sie sich täglich Zeit für die Kontemplation. Würdigen Sie den Tag und lassen Sie ihn ausklingen.

Im Anschluss an die Achtsamkeitsmeditation dient die Kontemplation dazu, sich Ihre Erlebnisse und Erfahrungen bewusst zu machen und ihnen Achtsamkeit zu zollen. Nun können Sie beispielsweise den Personen, die während Ihrer Meditation in Ihrer Erinnerung aufgetaucht sind, universelle Liebe schicken (siehe Kapitel 6). Vielleicht haben Sie auch das Bedürfnis, die Ideen, die in Ihrem Verstand aufgetaucht sind, genauer zu betrachten. Haben Sie wertvolle Impulse bekommen, oder hat Ihr Verstand trickreich nach einer Möglichkeit gesucht, Ihre Achtsamkeit einzufordern?

Auch wenn Sie während der Meditation keine Ruhe gefunden haben, ist es wichtig, sich dies einzugestehen. Es ist ein ganz natürlicher Vorgang, denn unser Verstand schweigt niemals. Doch auch die Gedanken sind vergänglich, und schon beim nächsten Versuch kann Ihnen die Meditation wertvolle Augenblicke voller Achtsamkeit schenken.

AUF DEM WEG

Wenn wir uns in Achtsamkeit üben, fällt uns im Zusammensein mit anderen Menschen umso mehr auf, wenn diese nicht achtsam sind. Vielleicht hätten wir gern, dass unser Partner, Kollege, unsere Politiker und überhaupt jeder Mensch an sich arbeitet – und uns auf diese Weise nicht nur ermuntert, sondern auch unseren Vorstellungen entspricht.

Erinnern Sie sich: Vorstellungen schaffen Erwartungen, und wenn unsere Erwartungen enttäuscht werden, fühlen wir uns übergangen, betrogen und verletzt. Dennoch waren wir es, in denen die Vorstellung entstanden ist. Wenn wir im Umgang mit anderen achtsam sind, erkennen wir, dass sie sich unserer Kontrolle entziehen, weil auch sie von eigenen Vorstellungen und Erwartungen getrieben werden, die den unseren zwar ähneln, sich aber nie mit ihnen decken können. Jeder, der uns auf unserem Weg begegnet, kann uns zeigen, wo wir gerade stehen. Jeder Fehler, den wir an anderen bemerken, hat auf eine Weise mit uns selbst zu tun. Ist es unser Ego, das reagiert, oder ist es eines unserer Gefühle? Welches? Urteilen wir? Begehen wir den gleichen Fehler wie der andere, oder haben wir ihn in der Vergangenheit begangen und regen uns deshalb jetzt darüber auf? Erkennen wir, dass der andere genauso funktioniert wie wir und automatisch seinen Konditionierungen folgt? Verstehen wir, dass er in seiner Unachtsamkeit nicht in der Lage ist, anders zu handeln – so wie es sich auch mit uns verhält?

Achtsamkeit ähnelt dem Licht einer Laterne, die uns unseren Weg weist. Unser Atem ist der Brennstoff dieser Laterne. Wir entzünden sie mit dem Funken der Achtsamkeit. Dauerhaft brennen kann sie, wenn wir Achtsamkeit in unser Leben tragen. Dann scheint sie so hell, dass sie auch anderen auf ihrem Weg Licht und Klarheit schenken kann.

DAS GLEICHNIS VON DEM BETTLER UND DER PERLE

Ein Bettler schlief eines Nachts auf der Straße, als ein Mann vorbeikam, der ihn einst gekannt hatte. Um ihm etwas Gutes zu tun, steckte er dem Bettler eine wertvolle Perle unter den Kragen seines schäbigen Mantels. Als der Bettler am nächsten Morgen erwachte, merkte er nichts von seinem Glück. Tag für Tag vegetierte er in größter Armut dahin.

Ein Jahr war vergangen, als sein einstiger Bekannter ihn auf der Straße kauern und um einen Löffel Reis betteln sah.

»Was ist denn mit dir? Warum bist du noch immer so bettelarm?«, fragte er verwundert. »Als ich dich letztes Jahr auf der Straße liegen sah, habe ich dir eine Perle unter deinen Mantelkragen gesteckt. Ich wollte, dass du sie eintauschst, auf dass es auch dir gut ergeht!«

Der Bettler schlug misstrauisch den Mantelkragen um. Und tatsächlich, dort steckte noch immer die kostbare Perle. Die ganze Zeit über hatte er sie bei sich getragen und doch nichts von seinem verborgenen Reichtum gewusst. Und so haben auch wir die kostbare Perle unseres Glücks bei uns. Wir müssen nur achtsam sein, sodass wir sie entdecken.

Hegen und pflegen Sie den Samen der Achtsamkeit,
damit er wächst, gedeiht und stark in Ihnen wird.
Dann kann Ihre Achtsamkeit Ihnen helfen,
mit allen Situationen umzugehen und sich nicht von
den Wogen des Lebens hinwegspülen zu lassen.

KAPITEL 6

UNTERSTÜTZENDE WESENSEINSTELLUNGEN

Wenn wir in uns hineinschauen und der Zugang zu unserem Selbst sich öffnet, werden wir wahrnehmungsfähiger für das, was andere empfindungsfähige Wesen bewegt. Wir begegnen ihrem Leid und ihrer Sehnsucht, sich davon zu befreien. Statt Ohnmacht und Apathie zu fühlen, werden tiefe universelle Liebe und Mitgefühl in uns freigesetzt.

Han Shan

Immer wenn sich die Morgenröte über den Nong-Han-See breitete, kletterte ich in das schmale Boot, um zur Almosenrunde zu fahren. Nahe am Ufer war der See von Schlinggewächs durchzogen. Kleine Fische huschten zwischen den Blättern umher, um Deckung bemüht. Ich stakte das Boot hinaus auf den See und ließ den Motor an. Sein Surren mischte sich mit den Geräuschen der Natur: dem Schwappen der leichten Wellen, einem springenden Fisch und dem Summen der Insekten, das von der Insel herübertönte. An manchen Tagen kreuzte eine Herde Wasserbüffel meinen Weg. Ihre Hörner ragten wie schwarze Sicheln über den blaugrauen Spiegel des Sees, während sie schnaubend durch das Wasser pflügten und das Boot zum Schaukeln brachten.

Eine Dreiviertelstunde später legte ich in Sakon Nakhon an und begab mich auf die Almosenrunde. Anfangs war es ein seltsames Gefühl gewesen, mit der Bettelschale unter dem Arm durch die Straßen zu ziehen. Da ging ich, der – ehemals – besitzreiche Europäer, und nahm den Menschen ihr Essen weg … Doch war es wirklich so?

Wann immer es sich wie ein Lauffeuer in der Stadt verbreitete, dass der Phra Farang, der ausländische Mönch, die Runde machte, strömten die Leute herbei, um Zeuge dieses kleinen Spektakels zu werden. Es erfüllte sie mit Stolz, dass jemand von weit her gekommen war und die Lehre des Buddha praktizierte. Reis, Eier, duftende Bratspieße und knuspriges Gebäck vom Markt füllten meine Schale. Und dem nicht genug: Ich wurde mit Geschenken überschüttet. Keiner wollte sich es nehmen lassen, dem Phra Farang etwas zu geben …

Wenn wir fähig sind, unseren Verstand mithilfe der Achtsamkeit zu beobachten und seine Funktionsweise zu begreifen, wird sich unsere Lebensqualität bedeutend verbessern. Wir verändern uns, indem wir uns und andere besser verstehen, und dadurch fallen uns nach dem Gesetz der Resonanz auch andere Dinge zu. Wir müssen lediglich die Geduld aufbringen, zu warten, bis das kommt, was zu uns passt.

Um den Veränderungsprozess zu unterstützen, können wir unser Leben an hohen ethischen Grundsätzen ausrichten. Dies allein kann zwar keine Achtsamkeit in uns etablieren, aber die vier noblen Tugenden und das Geben sind Prinzipien, die uns auf unserem Weg weitertragen. Erkenntnis geht mit Verständnis einher. Sie weitet den Horizont und weckt den Wunsch, dass auch andere Wesen Glück, Frieden und Wohlbefinden in sich verwirklichen mögen.

DAS GESETZ DES GEBENS

Kennen Sie das Gefühl, wenn jemand Ihnen etwas unverhofft schenkt und Sie sich gar nicht so richtig freuen können, weil Sie selbst mit leeren Händen dastehen? Weil Sie meinen, sich revanchieren zu müssen? Ist es Ihnen vielleicht sogar unangenehm, wenn Ihnen jemand etwas überraschend schenkt?

Im Westen hat das Geben oft einen seltsamen Beigeschmack. Man schenkt zu einem bestimmten Anlass. Dann soll das Geschenk originell oder zumindest persönlich sein und einen angemessenen Wert haben. Damit einher geht die Erwartung, dass der Beschenkte sich freut, seine Freude und dazu auch seinen Dank ausdrückt und das Geschenk in Ehren hält. Auch wenn er das Geschenk gar nicht brauchen kann, ist es undenkbar, dass er es vor den Augen des Schenkenden an jemand anders weiterreicht, der vielleicht mehr damit anfangen kann! Komplizierter wird es zu Festtagen, an denen jeder jedem etwas schenkt. Dann werden Geschenk und Gegengeschenk im Stillen verglichen, gegeneinander aufgewogen, und irgendwie hat das Ganze mehr mit Handeln zu tun denn mit Geben. Ist das Geschenk zu teuer, ist der Beschenkte beschämt. Ist es zu klein, fühlt er sich benachteiligt. Richtig arg wird es, wenn einer einem anderen spontan eine Freude machen möchte, obwohl es vorher anders ausgemacht war (»Dieses Jahr schenken wir uns nichts!«). Dann gerät das, was eigentlich im Vordergrund stehen sollte, nämlich einem anderen Menschen eine Freude zu bereiten und selbst Freude dabei zu empfinden, völlig ins Hintertreffen.

Ganz anders in Thailand und weiten Teilen Asiens. Morgen für Morgen erlebte ich, wie die Menschen bewusst aussuchten, was sie mir in die Schale legten. In der Bäckerei erstanden sie Croissants und ofenwarmes Baguette, um mir, dem Europäer, eine besondere Freude zu machen. Andere kochten mit weniger Chili, damit es mir auch ja nicht zu scharf war. Wieder andere dachten praktischer und legten ein paar Baht für das Benzin in die Schale, damit ich den Weg bis zur Insel nicht rudern musste. Was auch immer die Menschen gaben, sie taten es mit Freude im Herzen. Und sie erwarteten nichts zurück. Sie waren nicht einmal beleidigt, wenn ich die so gedankenvoll ausgesuchten Gaben, die ich allein ja gar nicht hätte essen können, an die Fischer, das Waisenhaus und das Altenheim weitergab. Das Geben war ihnen Freude genug. Dass alles, was man gibt, nach dem Gesetz von Ursache und Wirkung eines Tages in irgendeiner Form zu einem zurückkommt, stand dabei nicht im Vordergrund.

Allein die Freude am Schenken zählt. Was immer man dabei verspürt, ist, was einem gehört. Alles, was man tut, hat als Erstes einen Einfluss auf einen selbst, auf den eigenen Gemütszustand.

Wer gibt, tut sich selbst etwas Gutes. Und dieses gute Gefühl nimmt er mit in seinen Tag.
Wer etwas bekommt, gibt dem anderen die Möglichkeit, etwas Gutes für sich zu tun.

ÜBUNG: Ein erster Schritt

➤ Sie fühlen sich orientierungslos? Vom Leben benachteiligt? Enttäuscht? Sie haben einen Auftrag oder Ihre Arbeitsstelle verloren? In einem Bereich Ihres Lebens ist etwas ins Stocken geraten?

➤ Dann tun Sie jetzt den ersten Schritt und geben Sie etwas.

Das kann ein Lächeln sein. Eine Hilfeleistung. Ein kleiner oder auch größerer Geldbetrag. Tun Sie jemandem etwas Gutes.

➤ Erwarten Sie nichts zurück – das geschieht von ganz allein.

➤ Freuen Sie sich daran, dass Sie mit offenen Augen und weitem Herzen durch die Welt gegangen sind und jemandem etwas gegeben haben.

Im Westen bin ich häufig Menschen begegnet, die mit der Haltung durch die Welt gehen, dass diese ihnen etwas schuldig sei. Ganz nach dem Motto: Hier bin ich – und was bekomme ich dafür? Wer aber seine Einstellung ändert und erst einmal fragt: »Was kann ich geben? Was kann ich helfen?«, der erfährt, wie sich sein ganzes Leben wandelt.

Vielleicht haben Sie Sorge, ausgenutzt zu werden, wenn Sie Ihr Leben am Geben ausrichten. Manchmal mag das den Anschein haben, aber dennoch tun Sie sich selbst etwas Gutes, wenn Sie geben. Ihr Gemütszustand ändert sich durch das Geben. Sie werden von den Menschen anders wahrgenommen. Der Fluss, der durch das Geben in Gang gesetzt wird, wird auf irgendeine Weise zu Ihnen zurückkommen.

Jesus sagt in der Bibel (Apostelgeschichte 20,35): »Geben ist seliger denn nehmen.« Im Osten weiß man: Man muss geben, bevor man nehmen kann.

Wenn Sie Blumen säen, geht auch nicht jedes Samenkorn auf. Nicht jeder Boden ist fruchtbar, und manche Samen trägt der Wind davon. Doch ein einzelnes Samenkorn, das keimt und zur Blume heranwächst, erfreut das Auge und spendet Nektar für andere Lebewesen.

DIE VIER NOBLEN TUGENDEN

Als Buddha seine Lehre weitergab, wandte er sich an alle Menschen. Er unterschied nicht zwischen Königen, Brahmanen und Bettlern und schloss auch Übeltäter nicht aus. Wir alle sind Mitglieder der großen Familie »Mensch«. Entsprechend achtsam sollte unser Umgang miteinander sein.

Zu Buddhas *vier noblen Tugenden,* die neben dem *achtfachen noblen Weg* klare Richtlinien für einen respektvollen Umgang mit uns und anderen geben, zählen die universelle Liebe, das Mitgefühl, die Mitfreude und die mentale Ausgewogenheit. Sie sind wie der Machtanspruch, die Wut, der Hass, die Eifersucht, die Gier in uns Menschen angelegt. Wenn sich universelle Liebe, Mitgefühl, Mitfreude und mentale Ausgewogenheit entfalten, haben sie die Kraft, alle Leid bringenden Energien in uns zu eliminieren. Die stärkste dieser vier Energien ist die universelle Liebe.

UNIVERSELLE LIEBE

Kennen Sie das Gefühl, die ganze Welt umarmen zu wollen? Haben Sie Momente erlebt, in denen Ihr Glück so tief war, dass Sie förmlich davon übergesprudelt sind? Für einen Augenblick hatte Ihre Liebe keine Grenzen, war an keine Bedingung geknüpft, umfasste großzügig alle Wesen. Sie war universell.

Universelle Liebe ist allumfassend.
Sie wertet nicht und verströmt sich bedingungslos.
Sie schließt jedes Wesen mit ein, ohne Ausnahme.

Universelle Liebe ist eine Energiekombination, die Aggressionen in uns und Aggressionen, die von außen auf uns treffen, neutralisieren kann. Sie wirkt wie ein energetischer Schutzschirm um uns. Aggressionen ziehen Aggressionen an. Wenn unsere Resonanz sich ändert, weil universelle Liebe uns umgibt, begegnen wir auch weniger Menschen, die aggressiv sind.

Mit der Achtsamkeit wächst das Verständnis für uns selbst und andere. Urteile und Wertungen entfernen uns von uns und unserer Umwelt, Verständnis nähert uns an. Je tiefer unser Verständnis für uns selbst ist, desto besser verstehen wir auch andere. Vielleicht müssen wir auch noch nicht alles verstehen, können uns aber dessen bewusst sein, was uns mit allen Wesen verbindet: der Wunsch, zu leben und glücklich zu sein – auch wenn wir nicht wissen, wie genau wir auf diese Welt gekommen sind und wie wir zu dem geworden sind, was wir sind.

Wenn unsere Liebe konditioniert ist, stellen wir sie nur denen zur Verfügung, die sie in unseren Augen »verdienen«. Doch das ist nicht das wahre Wesen der Liebe. Eine Mutter, die ein Kind zur Welt bringt, liebt es in diesem Moment genau so, wie es ist. Dies ist Liebe in ihrer Reinform, nicht abhängig von Vorstellungen und Erwartungen. Wenn wir die Liebe in uns von allen Bedingungen und Überlagerungen befreien, sind wir in Kontakt mit der stärksten Kraft in diesem Universum.

Unser Verständnis von Liebe wandelt sich im Lauf unseres Lebens. Ein Kind liebt seine Mutter uneingeschränkt, doch irgendwann entdeckt es seinen eigenen Willen und beginnt sich abzulösen. Es formt ein Bild seiner selbst und rückt sich ins Zentrum seiner Welt. Es entwickelt Wünsche und Vorstellungen und macht gleichzeitig die Erfahrung, dass Erwartungen an es gestellt werden. Kommt es diesen Erwartungen nicht nach, erlebt es häufig einen Entzug von Liebe. Dabei ist wahre Liebe wie die Sonne, die im Alltag vielleicht von Wolken verdunkelt sein mag, aber doch immer präsent ist.

Mittels der Achtsamkeit entdecken wir in uns die Muster und Konditionierungen, denen unsere Art zu lieben unterliegt, und lernen, sie loszulassen. Auf der Reise zu unserem wahren Selbst können wir die universelle Liebe in uns trainieren und freisetzen, um sie an andere weiterzugeben. Man muss das Gefühl der universellen Liebe in sich haben, denn man kann nur geben, was man hat.

ÜBUNG: Universelle Liebe aussenden

➤ Atmen Sie tief ein und aus und spüren Sie das Heben und Senken der Bauchdecke. Begeben Sie sich nach einer Weile in die Position des Beobachters und üben Sie Achtsamkeit.

➤ Stellen Sie sich als Erstes einen neutralen Menschen vor – einen Menschen, dem Sie neutral gegenüberstehen. Vielleicht ist es jemand, den Sie kennen, vielleicht aber auch ein Unbekannter, der Ihnen unterwegs begegnet ist. Spüren Sie, wie Sie die Achtsamkeit auf diesen Menschen richten ... auf das, was Ihnen gemeinsam ist: der Wunsch zu leben und glücklich zu sein.

➤ Wünschen Sie ihm Glück und Wohlbefinden und dass er es leicht haben möge, für sich selbst zu sorgen. Senden Sie ihm universelle Liebe.

➤ Dann lassen Sie die Vorstellung los, atmen tief – und öffnen die Augen dann, wenn es für Sie angenehm ist.

Beginnen Sie zunächst damit, dass Sie neutralen Personen universelle Liebe schicken. Das wird Ihnen leichter fallen als bei einer Person, die Ihnen Schaden oder Leid zugefügt hat, denn weder Ihr Ego noch andere hinderliche Gefühle und Gedanken werden sich dann regen und gegen Ihre Intention arbeiten. Sie werden die Erfahrung machen, dass sich Ihre Einstellung der Person gegenüber ebenso ändert wie die Einstellung der Person zu Ihnen, wenn Sie ihr universelle Liebe schicken.

Schließen Sie als Nächstes Menschen in die Übung ein, die Ihnen nahestehen. Dies wird Ihnen ebenfalls leichtfallen, denn Sie sorgen sich um das Wohlergehen dieser Menschen und möchten für sie da sein. Achten Sie auch hierbei auf den Wunsch, dass es diesen Menschen leichtfallen möge, für sich selbst zu sorgen. Vergessen Sie darüber die Personen nicht, denen Sie neutral gegenüberstehen. All das hilft Ihnen, wenn es gleich darum geht, auch denen Liebe zu schicken, mit denen Sie sich noch nicht verbunden oder von denen Sie sich verletzt fühlen.

Wenn sich die universelle Liebe durch wiederholtes Üben stark in Ihnen gefestigt hat, stellen Sie sich einen Menschen vor, mit dem Sie Probleme haben. Werden Sie sich bewusst, dass auch dieser Mensch letztlich nur leben und glücklich sein möchte. Dass er seine eigene Geschichte hat, die Sie nur in Ansätzen kennen, und vermutlich blind seinen Konditionierungen und eigenen Wahrheiten folgt – wie jeder von uns, der sich selbst noch nicht wirklich kennt. Wenn es Ihnen gelingt, schicken Sie ihm Ihre Liebe mit dem Wunsch, auch er möge zu innerem Glück finden. Achten Sie darauf, dass Sie keine Vorstellungen und Erwartungen damit verbinden. Wenn Sie das noch nicht können, weil Sie Verletzungen oder negative Gefühle in sich tragen, üben Sie sich im Loslassen (siehe Kapitel 7) und machen die Übung mit einem neutralen Menschen noch einmal.

Weiten Sie den Kreis der Wesen, denen Sie Liebe schicken, immer mehr aus, bis Ihre Liebe wahrhaft universell wird. Sie werden feststellen, dass sich diese Übung auch positiv auf Ihren Schlaf auswirkt. Sie werden kaum noch Albträume haben, fröhlich aufwachen und im Frieden mit sich und anderen sein.

Im Anschluss an die Achtsamkeitsmeditation ist es üblich, allen Wesen etwas von der guten Energie zu schicken, die während des Praktizierens in einem entstanden ist. In den Tempeln geschieht dies über Chantings, deren Verse den Wunsch ausdrücken, dass alle Wesen glücklich sein mögen. Nehmen auch Sie sich nach dem Meditieren einen Moment Zeit, um anderen etwas Gutes zu tun.

Das folgende Gebet wird im Nava Disa nach der Abendmeditation gesprochen:

Mögen alle Wesen, wo immer sie auch sind,
was immer sie auch tun,
welcher Art, Größe oder Form sie auch sein mögen,
ob sichtbar oder unsichtbar, ob nah oder fern,
in welcher der zehn Himmelsrichtungen auch immer,
mögen alle von ihnen, ohne Ausnahme,
glücklich sein.
Möge es ihnen leichtfallen, für sich selbst zu sorgen,
mögen sie frei sein von Leid,
mögen sie den höchsten Segen empfangen,

mögen sie der Lehre der Buddhas folgen,
um den Weg heraus aus dem Samsara zu finden,
dem Kreislauf der Wiedergeburten.

Wenn unsere Liebe mit universellem Verständnis
einhergeht, erlangen wir die Fähigkeit,
alle Wesen – ohne Ausnahme – mit ihr zu beschenken.
Engel und Beschützerwesen sind uns gnädig
und unterstützen uns.

UNIVERSELLES VERSTÄNDNIS

Universelles Verständnis ist die Erkenntnis, dass es im Universum Wesen gibt, die wir mit unseren eingeschränkten Sinnesorganen nicht wahrnehmen können. Auch wenn wir uns ihrer Existenz nicht sicher sind, wäre es klug, sie in unser Denken und Handeln einzubeziehen.

In Asien werden oft Geisterhäuschen aufgestellt, wenn ein Haus gebaut wird. Es könnte ja sein, dass auf dem Platz, auf dem das Haus errichtet werden soll, schon jemand wohnt. Diese Wesen werden eingeladen, in das Geisterhäuschen umzuziehen. Sie bekommen einen neuen Platz, sodass die alten und die neuen Bewohner in Frieden zusammenleben können.

Universelles Verständnis bezieht alle Wesen mit ein, ohne Ausnahme. Es heißt also auch zu verstehen, dass die Maus, die in unser Haus kommt und dort ein Nest baut, keine Ahnung hat, dass es »unser« Haus ist. Sie versucht nur einen Platz zu finden, wo sie sich sicher fühlen und ihre Jungen großziehen kann.

Haben wir Menschen nicht genau die gleichen Bedürfnisse?

MITGEFÜHL

Wenn wir nach innen schauen, erkennen wir in uns nicht nur den Wunsch zu leben. Wir möchten, wenn irgend möglich, ein gutes Leben haben, wollen uns wohlfühlen und Schmerz und Leid vermeiden. Dies beginnt mit kleinen Dingen, die uns oft nicht einmal auffallen: Wir ändern die Sitzposition, weil sie unbequem für uns ist. Wir drehen die Heizung auf oder die Klimaanlage ... Wir tun etwas dagegen, dass wir uns unwohl fühlen. Den Wunsch, uns wohlzufühlen, glücklich zu sein, teilen wir mit allen anderen Menschen und Lebewesen, auch wenn er sich sehr unterschiedlich manifestieren kann.

Wenn Sie sich wohlfühlen, spüren das die Menschen in Ihrer Umgebung, so wie Sie spüren, wenn andere Sorgen haben, bedrückt oder gar verzweifelt sind. Gefühle sind Energien, und als solche übertragen sie sich auf andere. Genau so entsteht Mitleid. Wenn ein Mensch leidet, teilen wir die Gefühle des Schmerzes und des Kummers mit ihm und nehmen sie in uns auf. Wer auf diese Weise mitleidet, möchte diesen Zustand möglichst wieder loswerden, denn er steht im Gegensatz zu dem Wunsch, sich wohlzufühlen. Zugleich empfindet der Mitleidende eine Hilflosigkeit, ja, Ohnmacht, wenn er nicht in der Lage ist zu helfen. Dies zusammengenommen hat zur Folge, dass sich viele Menschen abwenden, wenn andere Hilfe brauchen.

Im Buddhismus spricht man statt von Mitleid von Mitgefühl. Dieses Mitgefühl hat anders als das passive Mitleiden eine aktive Komponente, es ist mit Hinwendung verbunden.

Mitgefühl ist ein Zeichen des Verständnisses für das Leid des anderen. Vielleicht haben wir selbst ähnlichen Kummer, Schmerz oder Verlust gespürt und können nachvollziehen, wie er oder sie sich fühlt. Doch wir können diese Gefühle dem anderen weder abnehmen, noch sind wir in der Lage, ihm oder ihr zu helfen, wenn es uns vor lauter Mitleiden selbst schlecht geht. In dem Wissen, dass wir am besten helfen können, wenn wir stark sind, versuchen wir in unserer Mitte zu bleiben und den Gefühlen des anderen achtsam zu begegnen. Aus dieser Position heraus können wir ihm unsere Energie zur Verfügung stellen. Wir bedenken ihn mit universeller Liebe und signalisieren, dass wir für ihn da sind.

ÜBUNG: Etwas Gutes tun

- Wenn Sie Mitleid spüren, erkennen Sie es achtsam als Gefühl, das sich auf Sie überträgt, und benennen es: »Fühlen, fühlen, fühlen.«
- Dann werden Sie aktiv: Nehmen Sie die universelle Liebe in sich wahr und schicken Sie sie demjenigen, der leidet, wo auch immer er oder sie gerade ist.
- Entwickeln Sie Ihre eigene Form, bedingungslos Gutes zu tun, auf dass alle Wesen glücklich sind.

Wie sähe unsere Welt aus, wenn jeder auch nur einen Funken Mitgefühl und universelle Liebe in seine Handlungen einbeziehen würde? Der Lehrer würde den Schülern sein Wissen frei zur Verfügung stellen und ihnen nicht beweisen wollen, was er alles weiß. Seine Schüler wären ihm nah, weil er Verständnis für sie aufbringen würde, so wie auch seine Schüler für ihn. Der Manager, der Mitgefühl und Verständnis für den Mitarbeiter zeigt, weiß, dass er an sich selbst arbeiten muss, um ein förderliches Betriebsklima zu schaffen. Wer selbst aggressiv ist, wird auch aggressive Mitarbeiter anziehen. Wer sich um seine Mitarbeiter kümmert, schafft ein Klima des gegenseitigen Vertrauens, das sich verbreitet und auch nach außen getragen wird. Wenn die Firma in Schwierigkeiten ist, wird der verantwortungsvolle Manager versuchen, enger mit seinen Mitarbeitern zusammenzurücken – denn alle sitzen in einem Boot. Genau wie ein Kapitän, der sein Schiff durch einen Sturm steuert, weiß er, dass er auf seine Mannschaft angewiesen ist und diese auf ihn. Er wird niemanden über Bord schicken, um sich von Ballast zu befreien, sondern alles tun, um das Ruder herumzureißen. Dabei wird er größte Unterstützung erfahren, weil sich seine Mannschaft für das Boot mitverantwortlich fühlt.

Wer wahre Liebe und echtes Mitgefühl in sich spürt,
weiß, welch heilende Kraft ihnen innewohnt.

MITFREUDE

Freude ist überall um uns herum: Menschen, die sich über ein gelungenes Projekt oder einen Auftrag freuen, die eine neue Arbeit, eine größere Wohnung finden, die sich wohl mit ihrem Partner oder ihrer Partnerin fühlen ... Freude ist ansteckend, wir können uns mit anderen freuen, das Gefühl weitertragen.

Schwieriger wird es für viele von uns, sobald es um die Freude unserer Konkurrenten geht. Wenn jemand den Auftrag ergattert, den wir unbedingt haben wollten, wenn ein anderer die Arbeitsstelle antritt, auf die wir gehofft hatten, oder die Wohnung bekommt, die so günstig gelegen war, wenn ein anderer das Herz des Menschen gewinnt, den wir lieben ... In solchen Momenten sind wir mit starken Gefühlen des Verlusts, mit unserem Ego, mit Wut, Ärger, Missgunst konfrontiert. Es fällt uns schwer, eine persönliche Niederlage einzugestehen, wir sind enttäuscht und kauen daran, dass nicht wir es sind, die sich freuen können ... Ein solcher Verlust kann uns hart treffen. Aber wissen wir denn, ob der Auftrag, die Arbeit, die neuen Nachbarn, der Partner auf Dauer wirklich zu uns gepasst hätten? Ob wir glücklich geworden wären?

Erinnern wir uns, wie blitzschnell unser Verstand reagiert, Vorstellungen und Erwartungen kreiert und daran anhaftet. Betrachten Sie das Wort »Ent-Täuschung« ... Wie viel Wahrheit ist darin enthalten!

Wer achtsam ist, weiß: Auch die Gefühle des Verlusts und des Kummers wandeln sich, denn sie sind vergänglich. Und wir haben zudem ein Mittel an der Hand, um diese negativen Gefühle in uns zu heilen: unsere Mitfreude. Wenn es uns gelingt, eine Niederlage oder einen Verlust zu akzeptieren und mit dem anderen, dem »Konkurrenten«, Mitfreude zu empfinden, erleben wir etwas ganz Besonderes: Eine neue Dimension des Miteinanders tut sich auf. Ein anderer Mensch ist glücklich. Und wir können uns mit ihm freuen und loslassen, was wir selbst uns gewünscht haben. Hätte es nämlich hundertprozentig zu uns gepasst, wäre es uns zugefallen.

Wenn wir all das, was uns im Leben begegnet, als Wegmarke nehmen und daran wachsen, gibt es keinen wirklichen Verlust mehr. Eine Möglichkeit steht uns nicht länger offen, eine Tür schließt sich hinter uns – wenn wir uns nicht länger gewaltsam dagegenstemmen, um sie einen Spaltbreit offen zu halten. Sobald es uns gelingt loszulassen, erleben wir, wie sich schon bald eine andere Tür für uns öffnet.

Mitfreude ist eine starke Kraft, die Neid, Missgunst und ich-bezogenes Denken heilen kann und uns hilft, mehr in unsere eigene Mitte zu gelangen.

MENTALE AUSGEWOGENHEIT

Starke Gefühle, leidenschaftliche Begegnungen, aufrüttelnde Debatten, Sturm und Drang – gehört das nicht zum Menschsein dazu?, mögen Sie sich fragen. Wäre das Leben nicht unsäglich flach, wenn nichts als Gleichmut herrschen würde?

Mentale Ausgewogenheit heißt nicht, dass einem die Dinge, die geschehen, egal sind. Gleichmut hat nichts mit

Gleichgültigkeit zu tun. Wenn man sich nicht hinreißen, nicht aus seiner Mitte zerren lässt, sondern seine Gefühle achtsam betrachtet, wird das Leben dadurch nicht weniger authentisch, ganz im Gegenteil: Man befreit sich von Abhängigkeiten und Überlagerungen und wird wahrhaftig.

Überlegen Sie:
Wie schnell können sich beispielsweise negative Gerüchte in eine Abwärtsspirale verwandeln, die viele Menschen einbezieht? Auch wenn die Gerüchte nicht wahr sein müssen und sich die Unwahrheiten beim Weitererzählen addieren ...

Auch positive Gerüchte bergen Gefahren in sich. Wie schnell lässt man sich in etwas hineinziehen, das nicht stimmen muss, und handelt aus gutem Glauben in einer Weise, die nicht einträglich ist.

Wer Achtsamkeit praktiziert, begreift, dass die Dinge so sind, wie sie sind. Er weiß auch, dass er etwas in sich ändern kann, um Einfluss auf eine Situation auszuüben. Ein achtsamer Mensch nimmt die Position des Beobachters ein und ist aus dieser heraus in der Lage, Harmonie und Friedfertigkeit in sich zu tragen und mental ausgewogen zu reagieren.

Die von Stürmen aufgewühlte See kann den
Schein des Mondes nicht reflektieren,
noch zeugen innere Kämpfe von wahrem Frieden.
Wer mental ausgewogen ist, gleicht viel eher einem
breiten Strom, der im Einklang mit dem Fluss

des Lebens ist. An den Ufern eines solchen Flusses wachsen Bäume, aus denen andere sich ein Floß bauen können, um von diesem getragen zu werden.

Die vier noblen Tugenden sind die Pfeiler, auf denen ein friedfertiges Zusammenleben ruht. Sie gründen auf gegenseitiger Akzeptanz und dem Wissen, dass wir selbst damit beginnen müssen, diese Werte in uns zu vertiefen, und nicht darauf warten können, dass andere es tun. Wenn sich das Herz öffnet und Mitgefühl verströmt, gibt es keinen Raum mehr für Kleinmut.

Dabei sollten wir uns bewusst sein, dass sich unser Umfeld nicht im gleichen Maße wandelt wie wir. Großmut schützt nicht vor Verletzungen. Doch Großmut wäre nicht wirklich groß, wenn er mit Erwartungen an andere einherginge. Immer wieder sind es nur wir selbst, die jetzt, in diesem Augenblick, etwas ändern können. Indem wir achtsam sind.

Wie harmonisch und friedvoll wäre es auf dieser Welt, wenn unser aller Leben von ethischen Prinzipien bestimmt würde! Doch da wir Menschen so sind, wie wir sind, reichen Regeln nicht aus, so sinnvoll sie uns auch erscheinen mögen. Solange wir automatisch und von destruktiven Grundenergien getrieben reagieren, wird es Konflikte geben, im Kleinen wie im Großen. Und so ist es wiederum der achtsame Umgang mit unserer eigenen Natur, der uns befähigt, verantwortlich statt blind zu handeln.

DAS GLEICHNIS VON HIMMEL UND HÖLLE

In dem buddhistischen Gleichnis von Himmel und Hölle sucht ein mächtiger Samurai einen Mönch auf, der als Einsiedler in den Bergen lebt. Er will von ihm unterwiesen werden und bittet ihn, ihm zu erklären, was Himmel und Hölle sind. Der Mönch greift zu einer Taktik: Er provoziert den Samurai, indem er sich immer mehr über ihn lustig macht. »... So einer wie du will von mir unterrichtet werden?«, spottet er. »Schau dich doch an, du stinkst ja. Wahrscheinlich ist sogar dein Schwert verrostet!«

In seiner Wut zieht der Samurai das Schwert und holt aus, um dem alten Mönch den Kopf abzuschlagen.

»Das«, sagt dieser ruhig, »ist die Hölle.«

Bestürzt lässt der Samurai sein Schwert sinken. Als ihm bewusst wird, dass der Mönch sein Leben riskiert hat, um ihm eine Lehre zu erteilen, wird er von Mitgefühl und tiefer Dankbarkeit erfüllt. Er beginnt zu weinen.

»Und das«, sagt der Mönch zu ihm, »ist der Himmel.«

Wenn die destruktiven Grundenergien in uns angesprochen, wenn sie manipuliert werden, ergeht es uns ähnlich wie dem Samurai: Wir können uns kaum mehr zügeln. Doch so machtvoll solche Grundenergien auch sind – wir haben immer die Wahl, ob wir destruktiven Instinkten oder aber der universellen Liebe, dem Mitgefühl, der Mitfreude und der mentalen Ausgewogenheit folgen.

Himmel und Hölle sind immer bei uns.
In jedem einzelnen Augenblick unseres Lebens haben wir die Möglichkeit, achtsam zu sein, genau jetzt …

KAPITEL 7

DIE HÖCHSTE FORM DES SELBSTMANAGEMENTS

Um in Frieden mit unserem Umfeld leben zu können, sollten wir in Frieden mit uns selbst sein. Wenn wir in Frieden mit uns selbst leben, lassen wir uns nicht mehr in Konflikte hineinziehen, die von draußen an uns herangetragen werden.
Wenn jeder einzelne Mensch in Frieden mit sich selbst leben könnte, hätten wie eine wahrhaft friedvolle Welt zum harmonischen Zusammenleben.

Han Shan

Heiß brannte die Sonne vom Himmel. Der Boden roch nach verdorrtem Gras. Wo die Pflanzen noch Wochen zuvor so gewuchert hatten, dass kein Durchkommen gewesen war, taten sich jetzt Wege auf. Wie im Leben selbst.

Ein blau schillernder Vogel landete auf einem nahen Ast und hüpfte zwitschernd umher. Dann plötzlich hob er wieder ab, ließ sich ein Stückchen in die Tiefe fallen und schlug mit den Flügeln, um anderswo zu landen ... Er wirkte so frei, wie er von hier nach dort flog. Und doch folgte auch er in seinem Verhalten einem vorgegebenen Muster.

Ein Elefant kam mir in den Sinn. Auf einer Straße am Festland war er mir entgegengekommen – einen Reiter auf dem Rücken – und hatte den Rüssel ausgestreckt. So ein mächtiges Tier und so zahm ... Die jungen Elefanten gewöhnen sich schnell an die Gefangenschaft. Eine Fessel um den Fuß und daran eine Kette, die um einen Pflock gebunden wird, genügt. Anfangs zerren sie noch daran, wollen frei sein, aber nach einer Weile geben sie auf. Auch wenn die Kette später nicht mehr am Pflock befestigt ist, bleiben sie an Ort und Stelle. Das Gefühl der Fessel reicht, um sie am Fortlaufen zu hindern. Die Macht der Konditionierung hält sie in Unfreiheit. Ein Muster hat das andere überlagert ...

Wie hatte Buddha noch gesagt? »Fließend vergänglich ist alles bedingt Erstandene. Erarbeitet euch unermüdlich die Befreiung.«

Zeit zu meditieren, dachte ich. Achtsam sein, um die eigenen unsichtbaren Fesseln zu erkennen ...

VERÄNDERUNG BEGINNT IN UNS

Das Leben ist voller Möglichkeiten, das Potenzial jedes Einzelnen immens.

Achtsamkeit ist die höchste Form des Selbstmanagements, denn sie ermöglicht uns, die Fesseln unseres konditionierten Verstandes abzustreifen, unser darunterliegendes Potenzial zu erkennen und die frei werdenden Energien im täglichen Leben einzusetzen.

Wir haben weder einen direkten Einfluss auf den momentanen Gedanken, der in uns aufsteigt, noch auf die Dinge, die von außen auf uns zukommen. Aber wenn wir an uns arbeiten, wird sich unsere Energiekonfiguration, der Inhalt unserer »Festplatte«, ändern. Dann ändern sich auch unsere Gedanken, und uns fallen andere Dinge zu.

Buddha sagte: »Was du heute denkst, wirst du morgen sein.«

Wenn das, was wir heute denken, uns zu dem macht, der wir morgen sind – dann hat das, was wir gestern dachten, uns zu dem gemacht, was wir heute, in diesem Augenblick sind. Auf die Vergangenheit können wir keinen Einfluss nehmen. Daher gilt es, beim gegenwärtigen Moment anzusetzen, wenn wir unser Leben bewusst gestalten wollen.

Und das ist dringend notwendig. Erinnern wir uns: Die gleiche Energie, die ein Mann einsetzt, um ein Haus zu bauen, kann er auch einsetzen, um ein Haus zu zerstören. Wenn wir die Ist-Situation unserer Welt betrachten, erkennen wir, wie viel Energie, wie viele Ressourcen zur Zerstörung statt zum Aufbau eingesetzt werden. Das beginnt bei kleinen Gewohnheiten, die sich schädlich auf unseren Körper auswirken und denen wir trotzdem anhängen, und endet bei neuesten wissenschaftlichen Errungenschaften, die missbraucht und statt zum Wohle aller zur globalen Vernichtung eingesetzt werden.

Veränderung beginnt immer in uns, ganz gleich, ob die Probleme allein unsere oder die der ganzen Welt sind. Wir können nicht darauf warten, dass sich etwas im Außen verändert. Was immer wir im Leben erreichen wollen – um es zu erreichen, müssen wir bei uns selbst anfangen. Frieden beginnt ebenso im eigenen Innern wie Erfolg, Gelassenheit ebenso wie Glück. Besinnen wir uns daher auf die Gegenwart. Und es gibt nur sie. Lernen Sie die Sprache der Gegenwart kennen, und machen Sie von ihr Gebrauch. Es ist Ihre Achtsamkeit.

Die Werkzeuge für unser Selbstmanagement, sind:
Der Anker des Atems – und mit ihm die Kraft der Konzentration.
Die mentale Notiz – und mit ihr die Kraft der Achtsamkeit.

Über den *Anker des Atems* finden Sie in jeder Situation, mit der Sie im Alltag konfrontiert werden, zurück in Ihre Mitte, in eine Position der Stärke und Ausgewogenheit, wo Sie den aufgewühlten Verstand beruhigen können.

Mit der *mentalen Notiz* bezeugen Sie den Moment der Achtsamkeit. Statt sich in die Dramen Ihres Verstandes und seine Vorstellungen hineinziehen zu lassen, legen Sie ihm Zügel an. Mit einem Moment der Neutralität setzen Sie ein Zeichen und bleiben in Ihrer eigenen Mitte. Sie ändern, was Sie ändern können, tun, was getan werden muss, und nehmen das, was Sie nicht ändern können, als Herausforderung, um daran zu wachsen.

ACHTSAM IM HIER UND JETZT

»Probleme kann man niemals mit derselben Denkweise lösen, durch die sie entstanden sind«, sagte Albert Einstein.

Unsere Vergangenheit, unsere Erziehung und unser Umfeld haben zu der Situation beigetragen, in der wir uns heute befinden. Mit einer neuen Methode erzielen wir ein neues Resultat.

Wenn negative Gedanken und starke Gefühle in uns aufsteigen und wir zum Zeitpunkt ihres Entstehens achtsam dabei sind, haben wir die Möglichkeit, Einfluss auf unser Befinden zu nehmen. Mit Konzentration und Achtsamkeit sind wir in der Lage, auch Krisen zu bewältigen und Wege aus Angst, Depression, Überforderung, Einsamkeit und drohendem Burnout zu finden. Glück und Frieden sind keine Utopie. Wer sich selbst managen lernt, trägt beides in sich und hinaus in die Welt.

Wenn wir in jeder Blitzsekunde achtsam dabei sind, können wir wahrnehmen, dass alles sich laufend ändert. Jede noch so winzige Aktion und Reaktion hat eine Auswirkung auf das Ganze. Viele dieser Auswirkungen spüren wir nicht, weil unsere Achtsamkeit nicht stark genug ist.

Wenn in der Firma, in der wir arbeiten, rationiert werden soll, wenn ein Mensch, den wir lieben, sich abwendet, wenn Kinder erwachsen werden, wird das meist schon lange vorher an winzigen Anzeichen offenbar. Das heißt, diese Anzeichen erscheinen uns winzig, weil unsere Wahrnehmung nicht fein genug ist, um sie schon weit früher zu realisieren.

Wenn unsere Achtsamkeit aber stärker wird und wir im Augenblick der Veränderung dabei sind, können wir darauf reagieren. Genau hier setzt Selbstmanagement an. Probieren Sie es aus!

Die folgenden Anweisungen sind dazu gedacht, Sie im Alltag zu unterstützen. Gehen Sie tägliche Herausforderungen mit der Kraft des Atems und der mentalen Notiz an und gewinnen Sie einen ersten Eindruck, wie die Achtsamkeit Ihnen im täglichen Leben Alternativen bietet.

Wenn Sie **im täglichen Leben außer sich geraten** oder sich überfordert fühlen, konzentrieren Sie sich auf den Atem. Werfen Sie den Anker aus, den Sie in den vorhergehenden Übungen geschmiedet haben.

ÜBUNG: Den Anker auswerfen

➤ Lassen Sie den Atem langsam ausströmen und warten Sie mit dem Einatmen. Dann konzentrieren Sie sich ganz auf den Atem. Lassen Sie ihn tief in den Bauch strömen. Spüren Sie, wie Ihre Füße den Boden berühren, und lassen Sie den Atem wieder entweichen. Und noch einmal tief einatmen ... Verfolgen Sie die Bewegung der Bauchdecke und konzentrieren Sie sich ganz auf den Atem: Heben ... und senken ... und heben ... und senken ...

➤ Finden Sie so zu Ihrer inneren Mitte zurück.

➤ Wenn Sie Gefühle in sich wahrnehmen, machen Sie eine mentale Notiz: »Fühlen, fühlen, fühlen ...« Dann konzentrieren Sie sich wieder auf den Atem.

Was tun wir, wenn wir **provoziert** werden? Wie lange halten wir durch und bleiben gelassen? Am Ärger festzuhalten ist, als wenn man ein glühendes Stück Kohle festhält mit der Absicht, es nach jemandem zu werfen. Derjenige, der sich dabei verbrennt, ist man selbst.

Konzentrieren Sie sich auf den Atem. Wenn Sie starke Gefühle in sich wahrnehmen, die Ihre Konzentration unterbrechen, machen Sie eine mentale Notiz. Ob Ärger, Wut, Abneigung, Rachegefühle, es sind machtvolle Gefühle, doch sie sind allesamt vergänglich. Halten Sie durch! Werfen Sie den Anker aus, seien Sie achtsam. Lassen Sie sich nicht zu Worten und Taten hinreißen, die Sie nicht mehr zurücknehmen können. Stoppen Sie den folgenreichen Verlauf, den eine Provokation nimmt, mithilfe der Achtsamkeit.

Gewohnheiten, die Ihr Leben bestimmen und Sie blockieren, können Sie mithilfe der Achtsamkeit entgegenwirken. Gleich, ob es sich um Essgewohnheiten, immer wiederkehrende Terminschwierigkeiten oder sonstige Angewohnheiten handelt, wenn Sie achtsam dabei sind, wie Sie wieder einer Ihrer Gewohnheiten erliegen, machen Sie eine mentale Notiz. Damit setzen Sie dem gewohnheitsmäßigen Ablauf Neutralität entgegen, statt ihn weiter in Ihnen zu verfestigen. Auf diese Weise kommen Sie allmählich aus der Spur, die diese Gewohnheit in Ihr Leben gegraben hat, und können einen anderen Weg einschlagen.

Antriebslosigkeit und lähmende Gedanken sind eine natürliche Folge des stressreichen Lebens, das wir heutzutage führen. Vielleicht fragen Sie sich, was »das Ganze soll«, und empfinden das Leben als unzulänglich. Dies ist ein Gefühl, also machen Sie eine mentale Notiz: »Fühlen, fühlen, fühlen ...« Auf diese Weise nähren Sie die Antriebslosigkeit nicht weiter und müssen auch nicht deren Folgen tragen, die Ihnen nur zusätzlichen Stress bereiten. Achtsamkeit hilft Ihnen, die Dinge zu tun, die getan werden müssen, sie zu akzeptieren und ganz zu tun. Sie ermöglicht Ihnen auch einen Blick hinter die Dinge im Außen und ebnet Ihnen den Weg zu wahrer Einsicht, die schlussendlich Glück mit sich bringt.

Wenn Sie der alltägliche **Stress** im Griff hat und Sie keine Zeit finden, um innezuhalten und Ihre Mitte wiederzufinden, ist es besonders wichtig, sich an die Achtsamkeit zu erinnern. Eine Minute Zeit werden Sie gewiss übrig haben, und Sie werden feststellen, dass Sie im Anschluss an die Übung weit effektiver arbeiten oder handeln können, als wenn Sie sich in der Hektik verlieren.

ÜBUNG: Die 60-Sekunden-Meditation

➤ Stellen Sie sich die Uhr: 60 Sekunden Zeit für Sie. Das klingt nicht viel, doch diese eine Minute besteht aus vielen winzigen Augenblicken, die Ihnen allesamt die Chance geben, zu sich zu finden und achtsam zu sein. Erinnern Sie sich: Im Moment liegt alle Kraft.

➤ Sobald Sie den Timer gestellt haben, schließen Sie die Augen. Spüren Sie, wie Ihre Lider sich berühren, und wandern Sie mit Ihrer Achtsamkeit vom Kopf bis zu den Füßen und dann wieder zurück zum Kopf. Nehmen Sie sich aus der Perspektive einer dritten Person wahr. Wenn Gedanken auftauchen, notieren Sie: »Denken ...« Und wenn Gefühle auftauchen, notieren Sie: »Fühlen ...« Wenn Ihr Verstand zu sehr abschweift, atmen Sie gleichmäßig und konzentrieren sich auf das Heben und Senken der Bauchdecke, um den Verstand zu beruhigen. Dann seien Sie wieder achtsam, für einen winzigen Moment. Beenden Sie die Übung, wenn Sie das Signal des Timers hören. Gönnen Sie sich einen weiteren tiefen Atemzug – und wenden Sie sich wieder Ihren Pflichten zu.

Ist Ihnen aufgefallen, wie lang eine Minute ist, wenn Sie sich Zeit für sich nehmen? Eine einzige Minute kann schon einen kleinen Unterschied machen. Vielleicht fühlen Sie sich ein bisschen erholt? Ruhen ein wenig mehr in sich?

Diese kurze Übung dient dazu, Achtsamkeit in Ihr Alltagsleben zu integrieren. Wenn Sie zu Hause oder in der Natur üben, wird es Ihnen immer leichter fallen, Ihre innere Mitte zu finden. In einer hektischen Umgebung aber gelingt dies umso schwerer. Doch genau da gilt es gegenzusteuern. Mit der 60-Sekunden-Übung fliehen Sie nicht aus Ihrem Alltag, sondern lernen, Ihre Ressourcen zu Ihrem Nutzen einzubinden.

Vermutlich haben Sie erfahren, dass Ihr Verstand selbst in dieser einen Minute abzuschweifen beginnt. Das ist ganz normal, Sie haben nichts falsch gemacht. Notieren Sie es einfach und kehren Sie wieder zum Atem zurück.

Vielleicht fällt es Ihnen nach Ablauf der 60 Sekunden schwer, diese Übung zu beenden. Dehnen Sie sie dennoch nicht aus. Sonst werden Ihre Gedanken Sie das nächste Mal davon abhalten, indem sie Ihnen sagen, dass es ja doch nicht bei der einen Minute bleibt und Sie einfach keine Zeit für eine längere Pause haben. Planen Sie stattdessen eine weitere 60-Sekunden-Meditation für später ein oder gleich eine längere Zeitspanne, wann immer Sie Zeit dafür finden.

Um weise mit Ihren Energien hauszuhalten, erinnern Sie sich daran, dass alle Kraft im Augenblick liegt. Wenn Sie eine **schwere Last** zu tragen haben – bildlich gesprochen wie auch real, konzentrieren Sie sich auf jeden einzelnen Schritt. Wann immer der Gedanke in Ihnen hochkommt, dass Sie es nicht mehr schaffen, dass der Weg zu weit ist, dass Sie längst über Ihre Grenzen gegangen sind, machen Sie eine mentale Notiz: »Denken, denken, denken …«

Sie werden feststellen, wie viel Kraft die Gedanken Ihnen rauben können. Lassen Sie sich nicht einschränken. Die mentale Notiz hat die Kraft, Ihr ganzes Potenzial zu wecken.

Das Gleiche gilt, wenn Sie das Gefühl haben, den **Anforderungen nicht mehr gewachsen** zu sein. Nehmen Sie sich nach der täglichen Meditation Zeit zum Kontemplieren. Überlegen Sie, was Sie ändern können, um Ihre Situation zu erleichtern, und tun Sie es. Was getan werden muss, das tun Sie ganz. Nehmen Sie sich immer wieder die Zeit zu meditieren, und wenn es nur 10 Minuten sind. Auf diese Weise können Sie neue Dinge in sich freisetzen, die zu einer Änderung Ihrer Situation führen werden.

Erkennen Sie, dass das, was in Ihrem Leben geschieht, auf irgendeine Weise mit Ihnen zu tun hat, sonst wäre es nicht in Ihrem Leben. Es geht nicht darum, die Dinge hinzunehmen und zu resignieren. Im Gegenteil. Nehmen Sie alles, womit das Leben Sie konfrontiert, als Herausforderung – als Aufforderung, daran zu wachsen. Wenn Unfrieden in Ihrem Leben herrscht, seien Sie achtsam und arbeiten Sie verstärkt an Ihrem eigenen inneren Frieden. Wenn Sie Ihre Arbeit verloren haben, geben Sie nicht auf. So hart die Situation mit all den damit verbundenen Gefühlen des Abgeschobenseins, den Selbstzweifeln, den finanziellen Problemen auch sein mag, in Ihnen schlummern so viele Talente! Laden Sie Achtsamkeit in Ihr Leben ein und erarbeiten Sie sich inneres Wohlgefühl. Wenn Sie achtsam sind, wird man auf Sie aufmerksam werden.

Wenn Sie eine Phase der Trauer durchleben, Kummer haben, Sorgen – so vergegenwärtigen Sie sich, dass auch starke Gefühle nicht auf Dauer in Ihnen bleiben, sondern sich wie alles andere auf unserer Welt verändern. Und wenn etwas noch so sehr schmerzt – auch dieses Gefühl wird vorübergehen und einer neuen Freude Raum geben. Machen Sie eine mentale Notiz und wiederholen Sie diese beharrlich, wenn die Gefühle übermächtig werden. Damit sorgen Sie für Momente der Neutralität, in denen etwas Neues hochkommen kann, vielleicht ja auch die Erkenntnis, dass es kein Ende gibt, nur neue Anfänge. Nichts kann in unserem Leben verloren gehen, es wandelt nur seine Form. Und alles Gute, das Sie – gerade in belasteten Zeiten – tun, kehrt in irgendeiner Form zu Ihnen zurück.

Üben Sie sich auch im Senden von universeller Liebe. Sie erfüllt Ihr Herz mit einer neuen Qualität der Liebe, die nicht länger von anderen Menschen, Situationen oder Dingen abhängig ist.

In Asien wurde ich immer wieder Zeuge eines gesunden Wechsels aus **Entspannung** und **Effektivität**, der dafür sorgt, dass auch der Alltag leichter bewältigt werden kann. Wenn an den Straßenständen Betriebsamkeit herrscht, sind die Verkäufer ganz bei der Sache. Ist aber gerade kein Kunde zu sehen, legen sie sich in die aufgespannte Hängematte und ruhen sich aus. Wenn Sie Ihr Leben managen lernen, werden Sie merken, dass Sie plötzlich mehr Zeit zur Verfügung haben. Was Sie achtsam tun, das tun Sie effizient und benötigen dadurch weniger Zeit dafür. Und es zieht auch Erfolg nach sich. An welchem Straßenstand würden Sie lieber einkaufen: dort, wo ein gestresster Verkäufer versucht, es allen Kunden gleichzeitig recht zu machen, oder dort, wo ein gelassener Verkäufer sich ganz auf denjenigen konzentriert, den er gerade bedient, und dazu noch Spaß an seiner Arbeit hat?

Wenn Sie ganz im Moment leben, nehmen Sie auch den Augenblick der **Freude** intensiv auf. Es gibt so viele Dinge, über die Sie sich freuen können. Vielleicht über den nächsten Atemzug oder darüber, dass Sie am Leben sind? Machen Sie sich nicht abhängig von bestimmten Gegebenheiten. Freude ist vergänglich, Sie können sie nicht festhalten. Doch wenn Sie einen Moment der Freude loslassen, sind Sie bereit für den nächsten.

LOSLASSEN

In uns sträubt sich oft alles dagegen, etwas abzulegen, loszulassen, denn wir haften naturgemäß an den Dingen an.

Wie voll ist Ihr Kleiderschrank oder der Keller? Zögern auch Sie, etwas wegzugeben, weil Sie es irgendwann einmal brauchen können? Dieser Mechanismus zieht sich durch unser ganzes Leben. Angefangen von der alten Jacke über störende Gewohnheiten bis hin zu nicht mehr funktionierenden Partnerschaften tun wir uns schwer mit dem Loslassen. Wir verharren in Situationen, wünschen uns Kontrolle über sie, stemmen uns gegen Veränderung. Wir brauchen uns auf, indem wir an den Vorstellungen festhalten, die unser Verstand geschaffen hat.

Wir haben uns ausgemalt, wie glücklich wir mit einem Menschen sein werden, wie erfolgreich in unserer Arbeit ... doch hat das noch etwas mit der Realität der Gegenwart zu tun? Wenn wir unglücklich sind, wenn uns eine Situation krank macht, überfordert, wenn wir ausbrennen, ist es an der Zeit, uns von den Fesseln der Vergangenheit zu befreien. Denn unsere Vorstellungen, Werte, Urteile und Konditionierungen sind in der Vergangenheit entstanden.

Vielleicht haben Sie ja auch die Vorstellung, dass Sie aus der Vergangenheit lernen können. Doch stimmt das immer? Werfen wir einen Blick auf die Geschichte der Menschheit: Hat irgendjemand wirklich aus der Vergangenheit gelernt?

Wenn wir in der Gegenwart an uns arbeiten, lernen wir, die Folgen der Vergangenheit in unserem Denken, Fühlen und Handeln zu erkennen. Wir begreifen die Mechanismen und wie sie sich auf uns auswirken, uns in unserer Freiheit beschneiden. Die Vergangenheit können wir nicht ändern. Wir können jedoch mit ihr umgehen lernen – und sie loslassen.

Wenn wir eine Erfahrung verdrängen, ersetzen wir sie durch eine andere. Wir wechseln die Arbeitsstelle, den Partner, den Freundeskreis, doch das schützt uns nicht davor, in alte Muster zu geraten, die ihre Spur in uns hinterlassen haben. Betrachten wir aber achtsam, was in uns vorgeht, legen wir die Muster eines nach dem anderen ab, bis wir feststellen, dass sie keine Macht mehr über uns haben.

Um zu einem erfüllten Leben zu gelangen und Glück und Wohlbefinden in uns selbst zu finden, müssen wir unserem Leben nichts hinzufügen. Wir müssen nur eine andere Perspektive einnehmen. Eben das ist Loslassen.

ÜBUNG: Den Kreisel der Gedanken anhalten

- Ihre Gedanken kreisen um etwas? Immer wieder erleben Sie, dass Sie an nichts anderes denken können? Sie fühlen sich bedrängt, Ihre Konzentration auf andere Dinge im Leben lässt nach?
- Atmen Sie gleichmäßig ein und aus, und verfolgen Sie, wie Ihre Bauchdecke sich hebt und senkt.
- Erinnern Sie sich nun an die Situation, an den Menschen, an die Sache, die Sie nicht loslassen können. Beobachten Sie, was in Ihnen passiert.
- Ist es ein Gedanke?
- Ist es ein Gefühl?
- Reagiert Ihr Körper?
- Benennen Sie Ihre Reaktion entsprechend: »Denken, denken, denken …« Oder: »Fühlen, fühlen, fühlen …«
- Bleiben Sie Beobachter. Halten Sie den Kreisel der Gedanken mit der Kraft Ihrer Achtsamkeit an.

An etwas festzuhalten vertieft die entsprechende Spur in Ihrem energetischen Speicher. Es ist also ganz natürlich, dass die damit verbundenen Gedanken und Gefühle immer wieder an die Oberfläche steigen. Wenn Sie achtsam sind, sobald dies passiert, und Ihre Reaktion mental notieren, sorgen Sie für einen Moment der Neutralität.

Ein Beispiel: Sie fühlen sich durch die Bemerkung eines Vorgesetzten gekränkt. Immer wieder gehen Sie in Gedanken durch, was er wohl gemeint haben könnte. Ob etwas dran ist an dem, was er zu Ihnen gesagt hat. Warum er das getan hat. War er einfach nur unsensibel? Oder hat seine Bemerkung Hintergründe? Sind Sie am Ende kurz davor, Ihre Arbeit zu verlieren, und war die Bemerkung nur ein Vorbote weit schlimmerer Dinge, die noch auf Sie zukommen werden? ... Ihre vom Verstand verarbeiteten Gedanken und Gefühle können Sie Tag und Nacht wach halten, in Ihnen bohren, Ihnen Angst einjagen, Ihr Selbstwertgefühl untergraben ... Wann immer Sie an die Bemerkung denken, vertieft sich die entsprechende Spur auf Ihrer »Festplatte«. Sie geben der Angelegenheit Zeit und Energie. Ähnliche Situationen aus der Vergangenheit werden hervorgekramt. Auf Ihrer Festplatte befindet sich genug Material, um aus der einen Bemerkung Ihres Chefs einen kleinen Roman zu schreiben. Doch wissen Sie denn, ob irgendeine dieser Assoziationen überhaupt stimmt? Wäre es nicht weiser, einen Zustand der mentalen Ausgewogenheit zu finden und aus diesem heraus zu entscheiden, wie mit der Situation umgegangen wird?

Eben das fällt uns Menschen aber schwer, weil wir anhaften und weil sich diese Energie mit Unsicherheit oder

Angst paart. Begegnen Sie dieser Kombination aus Grundenergien jedoch mit Achtsamkeit, können Sie Ihre innere Kraft zurückerlangen.

Einfach ist dieser Prozess anfangs nicht. Mir selbst fiel es weitaus leichter, all die materiellen Dinge loszulassen als meine Vorstellungen, Ideen, Situationen. Doch achtsam zu sein, zu beobachten, statt immer wieder involviert zu werden in Dinge, die längst vergangen sind, hat mir wahre Freiheit und inneres Glück geschenkt.

ANGST

In einer von Krisen bewegten Zeit entwickeln wir Menschen oft tiefe Ängste, die sich immer weiter ausbreiten.

Die Angst gehört zu den Grundenergien des Menschen – wir alle tragen sie in uns. Angst kann eine mächtige Triebfeder sein. Ganze Völker haben aus der Angst heraus ihr angestammtes Gebiet verlassen und sich auf Wanderschaft begeben. In unserer heutigen Zeit haben sich Konzerne gebildet, die mit der Angst der Menschen wirtschaften. Zahlreiche Versicherungen bauen auf Angst: die Angst vor Einbruch und Diebstahl, vor Bränden, Unfällen, Krankheiten, Unsicherheit, Berufsunfähigkeit …

Ist Achtsamkeit nicht die beste Versicherung, dass uns nichts passiert, was nicht zu uns gehört?

In unserer Gesellschaft wird häufig mit Angst gearbeitet. Wer nicht spurt, wird bestraft. Dem Schüler wird mit schlechten Noten gedroht, wenn er bei der Prüfung versagt. Menschen werden teils unter katastrophalen Umständen »bei der

Stange« gehalten, weil ihnen sonst der Verlust des Arbeitsplatzes droht. In vielen Konzernen ist die Angst ein anerkanntes Mittel der Mitarbeiterführung. Militärmächte setzen auf Abschreckung, die auch nichts anderes als Angst ist.

Jedes Mal, wenn das Gefühl von Angst in uns entsteht, setzt es sich tiefer in uns fest und wird stärker und stärker. Je stärker die Angst aber in uns festsitzt, desto schneller kann sie auch wieder ausgelöst werden, nur um sich dann erneut festzusetzen und weiter und immer weiter zu potenzieren. Ein Kreislauf beginnt, aus dem es kaum ein Entrinnen gibt. Wer von uns kennt sie nicht, diese ängstlichen Menschen, die sich scheinbar vor allem fürchten? Und dieser Kreislauf dreht sich schneller und immer schneller. Die Grundangst, die wir alle bei uns haben, bekommt mehr und mehr Gesichter: Existenzangst, die Angst vor offenen Plätzen oder engen Räumen, vor Tieren, Gegenständen, Zahlen … Und wenn wir Angst haben, laden wir nach dem Gesetz der Resonanz noch mehr Angst zu uns ein. Der Hund, der merkt, dass wir Angst vor ihm haben, wird bellen, vielleicht sogar beißen, um zu zeigen, dass er der Stärkere ist.

Angst zieht Angst an. Wenn Angst herrscht, kann keine Klarheit herrschen. Wenn aber Klarheit herrscht, kann keine Angst herrschen.

Angst potenziert sich auf der Grundlage von Nicht-Wissen. Wir wissen nicht, ob wir berufsunfähig werden, ob bei uns eingebrochen wird, ob wir krank werden … wir wissen nicht einmal, wie die nächste Sekunde verläuft.

Angst schaukelt sich auf … und wenn sich Angst bis zur Panik steigert, schränkt sie das Leben der Menschen in hohem Maße ein. Die winzige Möglichkeit, dass etwas passieren könnte, wird als Sicherheit genommen, weil jegliches Gefühl für wahre Sicherheit in dem betreffenden Menschen überlagert ist.

Wenn Sie achtsam sind, dann sind Sie in dem Augenblick dabei, in dem die Angst in Ihnen ausgelöst wird. Reagieren Sie sofort mit einer mentalen Notiz, damit sich die Angst nicht in Ihnen festsetzen kann. Sorgen Sie für Neutralität. Wenn Sie neutral sind, kann sich die Angst nicht weiter aufbauen. Wiederholen Sie die mentale Notiz, bis Sie die Angst losgelassen haben.

Die Angst kann viele Auslöser haben: ein Sinnesreiz, ein Gedanke, ein Gefühl … Je tiefer sich die Angst festsetzt, desto mehr Auslöser sucht sie sich.

Wie bei den anderen Selbstmanagement-Anleitungen in diesem Buch brauchen Sie nichts als Achtsamkeit, um die Angst mehr und mehr loszulassen. Seine Achtsamkeit so zu schärfen, dass sie auch bei einer Panikattacke den Vorgang der Angstverstärkung unterbricht, bedarf viel Übung. Bleiben Sie dabei und erinnern Sie sich im Laufe des Tages immer wieder an die Achtsamkeit. Der Auslöser der Angst kann auch als Auslöser dienen, achtsam zu sein. Sie werden merken, wie sich die Angst immer mehr legt und Ihre Lebensfreude zu Ihnen zurückkehrt.

DEPRESSION

Der Gemütszustand der Depression beruht auf einer Energiekonfiguration, die sich aus Angst, Unwissen und Enttäuschung zusammensetzt. Ein depressiver Mensch neigt dazu, sich Vorstellungen zu machen, die mit Erwartungen einhergehen – welche sich naturgemäß nicht erfüllen. Daraus resultiert tiefe Enttäuschung, Unglücklichsein. Oft sind die Vorstellungen der Person selbst, aber auch die ihres Umfelds so mächtig, dass der Betreffende nicht gegen den Vorgang angehen kann. Mit jeder unerfüllten Erwartung trübt sich die Stimmung weiter und weiter. Dem folgt das Gefühl, ein Versager zu sein, da man ja sowieso nichts richtig hinbekommt. Man fühlt sich für nichts im Leben gut genug und hat kaum noch Kraft, den Tag zu überstehen.

Der Depressive zieht sich in seine eigene Welt zurück. Der Vorgang hat sich so verselbstständigt, ist so dominant geworden, dass kein Funke Lebensfreude mehr aufsteigen kann. Dazu gesellen sich körperliche Auswirkungen, welche die Angst verstärken und noch mehr Lebensmut nehmen. Können Sie mit hängenden Schultern tief durchatmen? Der Atem eines depressiven Menschen ist flach – doch der Atem ist das Elixier des Lebens. Wie bei der Angst schaukeln sich die Gefühle hoch, breiten sich aus und nehmen schließlich überhand. Das Leben scheint nicht mehr lebenswert.

Wer in dem Moment achtsam dabei ist, in dem sich die depressive Stimmung aufbaut, und mit einer klaren mentalen Notiz für Neutralität sorgt, hat die Chance, den Aufbau der Depression zu verhindern. »Fühlen, fühlen, fühlen …«

Richten Sie Ihre ganze Achtsamkeit auf die mentale Notiz. Lassen Sie sich nicht im Netz der Depression einfangen und den Lebensmut rauben.

Wenn sich die Depression bereits festgesetzt hat, hilft die Achtsamkeit, die Überlagerungen im energetischen Speicher des Menschen abzutragen. All die enttäuschten Erwartungen und Versagensgefühle werden immer wieder aufsteigen, solange sie auf der Festplatte präsent sind, und weitere depressive Stimmungen auslösen, wenn sie nicht mithilfe der Achtsamkeit in ihrer neuerlichen Entstehung aufgehalten werden.

Befreien Sie sich durch Achtsamkeit aus diesem Tal der Depression. Mit jedem Mal, da Sie achtsam auf eine depressive Stimmung reagieren, tragen Sie Überlagerungen ab. Erinnern Sie sich an das Beispiel des Berges, der unüberwindbar scheint und doch Schaufel für Schaufel abgetragen wird. Erleben Sie, wie die Freude am Leben auch zu Ihnen zurückkehrt.

Übrigens: Wissenschaftler haben die Hirnströme meditierender Mönche aus dem engeren Kreis um den Dalai Lama gemessen und unter anderem eine erhöhte Gammawellen-Aktivität festgestellt, die ein Gefühl von Wachheit mit sich bringt. Von Bedeutung ist auch die nachgewiesen positive Wirkung der Meditation auf den Frontallappen des Gehirns, einer Region, die bei depressiven Menschen beeinträchtigt ist. Üben Sie Achtsamkeit, damit Ihre Lebensfreude wieder zu Ihnen durchscheinen kann.

BURNOUT

In den letzten Jahren häufen sich Fälle von Burnout. Unsere schnelllebige Zeit stellt immer höhere Anforderungen an die Menschen, während Mittel und Wege, mit den Energien hauszuhalten, kaum zur Verfügung stehen. Wer über einen längeren Zeitraum hinweg ständig überfordert ist, droht förmlich auszubrennen. Um diesem Prozess entgegenzuwirken, ist es unbedingt notwendig, mit der Arbeit an sich selbst zu beginnen. Wer sich überfordert fühlt, hat im täglichen Leben zu viel zu bewältigen. Noch bevor ein Projekt abgeschlossen ist, kommt bereits das nächste und übernächste hinzu und verlangt Achtsamkeit und Energie. In der Achtsamkeitsmeditation erfahren wir, dass ein Gedanke nach dem anderen entsteht und nicht zwei gleichzeitig. Multitasking ist eine Illusion. Der Mensch ist nicht dazu in der Lage, mehrere Dinge gleichzeitig zu denken und zu fühlen. Dies überlastet ihn, dann schaltet er förmlich ab.

Wer diesen Prozess in sich feststellt, erkennt, dass er Kräfte spart, wenn er zunächst ein Projekt abschließt und dann das andere beginnt.

Eine Mutter, die für die Familie kocht, dazwischen den Säugling versorgt, dem Ältesten bei den Schularbeiten hilft, dem Mittleren beibringt, wie man mit einer Schere umgeht, daneben auch noch den gebrechlichen Großvater versorgt, und das alles zur gleichen Zeit, droht auf Dauer ebenso auszubrennen wie der Mitarbeiter, der die Arbeit für einen kranken oder entlassenen Kollegen mit übernimmt, mit seinem eigenen Projekt unter Termindruck gerät, sich zusätzlich in eine neue Aufgabe einarbeiten soll und dazwischen von einem Meeting zum nächsten rennt.

Zu der permanenten Überforderung addiert sich die Angst, Fehler zu machen, zu versagen. Man wird in andere Aufgabenbereiche hineingezogen, für die man sich möglicherweise nicht qualifiziert genug fühlt, und verliert nach und nach den Kontakt zu sich selbst und dem Umfeld.

Hier hilft die Achtsamkeitsmeditation, um zu einem ausgewogenen Rhythmus aus Konzentration, Achtsamkeit und Entspannung zu finden und die Vorgänge, die in einem selbst ablaufen, zu verstehen. Wer sich gewahr wird, dass er kurz vor dem Ausbrennen ist, lernt Prioritäten zu setzen und einen Schritt nach dem anderen zu tun. Er übernimmt Verantwortung für seinen Bereich und für sich selbst. Das Anerkennen der eigenen Grenzen ist wichtig und hat nichts mit Versagen zu tun. Ein Arzt, der nach seinem anstrengenden Dienst in der Klinik auch noch die Nachtschicht übernimmt und ohne Schlaf am nächsten Tag weiterarbeitet, und das nicht nur ausnahmsweise, wird auf Dauer Fehler machen, die fatale Folgen haben können.

Menschen, die auszubrennen drohen, können besonders aus der Gehmeditation einen großen Nutzen ziehen. Sie spüren die Verbundenheit mit der Natur und erleben, wie achtsam ein Schritt nach dem anderen gesetzt wird. Wenn sie dies in ihren Alltag übertragen und Achtsamkeit praktizieren, werden sie Zugang zu ihrem wirklichen Potenzial bekommen und das Leben auf eine gesunde Weise meistern.

PARTNERSCHAFTEN

Viele Menschen haben eine genaue Vorstellung von ihrem Wunschpartner, die auf ihrer »Festplatte« gespeichert ist. Solch eine Vorstellung beinhaltet neben Äußerlichkeiten wie der Erscheinung und dem Besitz auch Eigenschaften, die den Träger der Vorstellungen spiegeln. Wer Chaos in sich hat, wünscht sich vielleicht einen Partner, der Ordnung ins Leben bringt, gleichzeitig aber auch das eigene Chaos akzeptiert. Wer ängstlich ist, hält vermutlich nach einem starken Partner Ausschau, und wer eher in seinen Gewohnheiten verhaftet ist, findet einen spontanen, unternehmungslustigen Menschen anziehend. Hinzu kommen Konditionierungen aus der Kindheit, die bestimmen, wie ein Partner zu sein hat, wie Liebe gelebt wird und wie eine Familie sich gestaltet. Außerdem dient der Partner häufig dazu, einen die eigene Einsamkeit nicht länger spüren zu lassen.

Wenn Sie Achtsamkeit in Ihr Leben integrieren, wissen Sie, dass diese Vorstellungen und Erwartungen in der Realität niemals erfüllt werden können. Weder haben wir die Kontrolle über einen anderen Menschen, noch ist dieser dazu da, uns glücklich zu machen.

Mithilfe der Achtsamkeit lernen Sie, solche Vorstellungen und Erwartungen loszulassen. Statt den Partner laufend mit den eigenen Vorstellungen zu vergleichen, danach zu beurteilen und nicht als eigenständigen Menschen mit eigenen Bedürfnissen und Lernbereichen zu sehen, beginnen Sie zu erkennen, wer er oder sie wirklich ist. Sie verstehen, dass auch der Partner nach einem Muster funktioniert, so wie jeder von uns, und setzen ihn nicht länger unter Druck, dass er sich zu ändern hat.

Wir können nicht schwören, einander ewig zu lieben. Wir wissen nicht, was Ewigkeit ist. Meist sind diese Schwüre Ausdruck der Angst, den anderen zu verlieren. Doch was zieht eine solche Verlustangst an? – Nichts anderes als ebendiesen Verlust.

Wenn Menschen aus Angst vor Einsamkeit eine Beziehung eingehen, benutzen sie den anderen, um eigene Bedürfnisse zu befriedigen. Einsamkeit ist aber auch nur eine Vorstellung des Verstandes. Wer Achtsamkeit praktiziert, legt diese Vorstellung ab und erlangt ein tiefes Wissen über die Art, wie alle Lebewesen zu jeder Zeit miteinander verbunden sind. Er erkennt die universellen Energiegesetze und etabliert in sich universelle Liebe und Verständnis. Diese Kraft stellt er auch dem Partner frei zur Verfügung.

Wer eine Partnerschaft lebt, in der jeder achtsam an sich arbeitet und verantwortungsvoll mit sich umgeht, kann eine tiefe Synergie verwirklichen und eine Beziehung leben, die für die eigene Entwicklung förderlich ist und sich mit ihrer guten Energie auch auf das Umfeld ausbreitet.

Wenn Sie sich eine harmonische Partnerschaft wünschen, sollten Sie anfangen, an sich selbst zu arbeiten. Indem Sie achtsam mit sich umgehen, laden Sie Menschen in Ihr Leben ein, die achtsam mit sich selbst und mit Ihnen umgehen. Ein passender Partner kann Sie auf Ihrem Weg zu sich selbst unterstützen – doch er kann diesen Weg niemals für Sie gehen. Wenn Sie sich in einer Partnerschaft befinden und sich wünschen, der Partner möge an sich arbeiten, sollten Sie noch mehr an sich selbst arbeiten. Jeder ist in erster Linie für sich selbst verantwortlich. Stellen Sie sich Zeit zur Verfügung, um an sich selbst zu arbeiten. Je mehr Sie beide an sich arbeiten, desto mehr förderliche Energien kann jeder dem anderen zur Verfügung stellen.

Seelenpartner haben eine Verbindung über das gegenwärtige Leben hinaus. Sie sind sich energetisch nahe, ergänzen sich gegenseitig und unterstützen einander in der Weiterentwicklung. Im Sinne der gelebten Synergie sind sie in der Lage, gemeinsam Großes zu bewegen.

ZUM ABSCHLUSS

Effektives Selbstmanagement heißt, vor allem anderen die Bereitschaft aufzubringen, an sich selbst zu arbeiten. Nahezu jeder Mensch möchte etwas in seinem Leben verändern. Viele Male jedoch setzen wir bei den äußeren Umständen an in der Hoffnung, dass es uns dadurch besser geht, und sind dann enttäuscht, wenn es nicht so kommt, wie wir es uns vorgestellt haben – mit dem Resultat, dass wir oft andere beschuldigen und für unser Missgeschick verantwortlich machen.

Wenn wir aber bereit sind, mit dem Werkzeug der Achtsamkeit an uns zu arbeiten, dann tun sich durch unsere eigene Veränderung Türen auf, von denen wir uns nicht vorstellen konnten, dass es sie überhaupt gibt. Die Veränderungen, die in uns selbst stattfinden, erzeugen eine neue Resonanz nach außen: Wir ziehen andere Menschen, andere Dinge an. Im Universum ist jederzeit alles vorhanden: Liebe, Glück,

Reichtum – alles, was wir uns vorstellen können, und noch viel mehr.

Die entscheidende Frage ist: Wie verändern wir uns, damit es uns zu-fällt? Denn die Ursache, warum uns Dinge und Ereignisse im Leben zu-fallen, gute wie schlechte, liegt bei uns. Was immer wir bei uns haben, nehmen wir mit, wo auch immer wir hingehen. Und: Was immer wir bei uns haben, ziehen wir an. Solange wir von Ängsten, Vorstellungen und Konditionierungen überlagert sind, gibt es keinen Raum für anderes, das zu uns kommen könnte. Dann sind wir nicht empfänglich für die Schätze des Universums.

Genau deshalb ist es wichtig, sich von den eigenen Überlagerungen und Restriktionen des Verstandes zu befreien und nicht durchs Leben zu gehen wie der Elefant, der einmal erfahren hat, dass die Fessel um seinen Fuß ihm die Freiheit nimmt, und dies nun so verinnerlicht, dass er an Ort und Stelle verharrt, selbst wenn die Kette überhaupt nicht mehr am Pflock festgemacht ist.

Die Methode besteht darin, die Achtsamkeit auf uns selbst zu richten und neue Ansätze in uns freizulegen. Die mentale Notiz ist das Mittel, das uns frei macht, wenn wir im täglichen Leben in den Sog der Gedanken und Gefühle geraten, die uns unserer Freiheit berauben.

Wirkliche Freiheit heißt, sich nicht von den Fesseln des Verstandes anbinden zu lassen, damit uns unser klares Bewusstsein immer und überall zur Verfügung steht.

Wenn wir im Keller eines Hochhauses sitzen, von der natürlichen Dunkelheit des Kellers umgeben sind und nie die Treppe hinauf genommen haben, wird es uns schwerfallen, uns vorzustellen, was der Blick aus dem ersten Stock uns wohl offenbaren wird. Wir können zwar versuchen, uns diesen Ausblick vorzustellen, doch der Wahrheit wird diese Vorstellung wohl kaum entsprechen. Erst wenn wir uns in den ersten Stock begeben und einen Blick aus dem Fenster werfen, werden wir die Weite des Umfelds wahrnehmen. Gleichermaßen können wir uns auf der Ebene des ersten Stocks nicht vorstellen, was uns ein Blick aus dem zweiten Stock enthüllen würde.

Wir können die Weite und Klarheit der verschiedenen Stockwerke nur erfahren und genießen, wenn wir wirklich da sind. Also sollten wir uns auf den Weg machen und die Treppe Schritt für Schritt emporsteigen.

Machen wir uns auf den Weg –
ausgerüstet mit der Achtsamkeit, die uns hilft,
jede Stufe der Treppe nach oben sicher zu meistern.
Die Zeit dafür ist jetzt.

NACHWORT

Vierzehn Jahre nachdem ich von der Insel im Nong-Han-See in einen Waldtempel gezogen war, machte ich mich wieder auf den Weg nach Don Savan. Es war ein berührender Ausflug in die Vergangenheit, in meine erste Zeit als Mönch. Während ich im Bug des Bootes stand und die Weite des Sees sich vor mir ausbreitete, erinnerte ich mich an die Freiheit, die ich empfunden hatte, als ich das Geschäftsleben hinter mir gelassen hatte. Und ich spürte einmal mehr die wahre Freiheit, die ich mithilfe der Lehre des Buddha in meinen Jahren auf der Insel erlangt hatte: nicht länger abhängig vom Außen zu sein. Trotz der Schwierigkeiten, mit denen ich auf der Insel konfrontiert gewesen war, oder gerade deshalb, war ich dankbar.

Ich habe Ihnen in diesem Buch einige kleine Geschichten von der Insel erzählt, um Sie daran teilhaben zu lassen, wie sich mein Leben veränderte, als Achtsamkeit einkehrte. Innere Freiheit erfordert harte Arbeit an sich selbst, denn der Zweifel, die innere Unruhe, die Trägheit, das Verlangen und der Widerwille bilden massive Hindernisse auf dem Weg zu innerem Wohlbefinden. Doch mit dem Werkzeug der Achtsamkeit gelingt es, diese ebenso abzulegen wie alles andere – auch wenn es am Anfang schwer erscheinen mag und die ersten Schritte zäh sind.

Jeder kleine Schritt ergibt den Weg, um wirkliche Freiheit in uns selbst zu realisieren. Die Kräfte des Universums werden Sie bei jedem Ihrer Schritte begleiten und unterstützen.

LITERATUR

Ajahn Chah: *A Taste of Freedom*, The Corporate Body of the Buddha Educational Foundation, Taiwan, 1994

Ajahn Chah: *Ein stiller Waldteich*, Theseus, Stuttgart, 1996

Han Shan: *Wer loslässt, hat zwei Hände frei – Mein Weg vom Manager zum Mönch*, Lübbe, Köln, 2009

Han Shan: *Das Geheimnis des Loslassens – Der Schlüssel zu wahrem Glück und innerem Wohlbefinden*, Lübbe, Köln, 2011

Thich Nhat Hanh: *Das Wunder der Achtsamkeit – Einführung in die Meditation*, Theseus, Berlin, 2009

Thich Nhat Hanh: *Der Geruch von frisch geschnittenem Gras – Anleitung zur Gehmeditation*, Theseus, Stuttgart, 2007

WEITERE INFORMATIONEN

www.master-han-shan.com

www.navadisa.com